ALEXANDRE EULALIO

Os brilhos todos

Ensaio
Crônica
Artigo
Entrevista
Apresentação
Nota
Crítica
Resenha
Poesia
etc.

Organização e notas
Carlos Augusto Calil

Prefácio
Vilma Arêas

COMPANHIA DAS LETRAS

Copyright © 2017 by Alexandre Eulalio Almeida Pimenta da Cunha

Grafia atualizada segundo o Acordo Ortográfico da Língua Portuguesa de 1990, que entrou em vigor no Brasil em 2009.

Capa
Claudia Espínola de Carvalho

Imagem de capa
Pintura, Maria Leontina, 1967
Óleo sobre tela, 150,3 × 149 cm
Acervo da Pinacoteca do Estado de São Paulo, Brasil
Compra do Governo do Estado de São Paulo, 1969
Reprodução de Isabella Matheus

Preparação
Andressa Bezerra Corrêa

Índice onomástico
Luciano Marchiori

Revisão
Huendel Viana
Carmen T. S. Costa

Dados Internacionais de Catalogação na Publicação (CIP)
(Câmara Brasileira do Livro, SP, Brasil)

Eulalio, Alexandre 1932-88
  Os brilhos todos : ensaio, crônica, artigo, entrevista, apresentação, nota, crítica, resenha, poesia etc. / Alexandre Eulalio ; organização Carlos Augusto Calil ; prefácio Vilma Arêas. — 1ª ed. — São Paulo : Companhia das Letras, 2017.

  ISBN 978-85-359-2854-9

  1. Crítica literária 2. Literatura – História e crítica I. Calil, Carlos Augusto. II. Título.

16-09214   CDD-801.95

Índice para catálogo sistemático:
1. Crítica literária 801.95

[2017]
Todos os direitos desta edição reservados à
EDITORA SCHWARCZ S.A.
Rua Bandeira Paulista, 702, cj. 32
04532-002 — São Paulo — SP
Telefone: (11) 3707-3500
www.companhiadasletras.com.br
www.blogdacompanhia.com.br
facebook.com/companhiadasletras
instagram.com/companhiadasletras
twitter.com/cialetras

— *todos os reflexos, os brilhos todos, todas as pátinas.*

Sumário

PREFÁCIO — *Alexandre Eulalio revisitado*, Vilma Arêas, 11

PARTE I — NOTAS DE UMA AGENDA (JORNALISMO: ENTREVISTA, CRÍTICA E CRÔNICA)
Uma tragédia americana, 25
A morte de Graciliano Ramos, 33
Uma farça de Crommelynck, 37
O bestiário fabuloso de Jorge Luis Borges, 46
No Rio, com Clarice Lispector, 54
Música & teatro, 60
Um ficcionista portenho, 62
Guignard, o manso, 64
Carroll revisto por Faulkner, 67
Borges em inglês, 69
Marienbad: uma invenção de Morel, 71
Aparência de Belo Horizonte, 74
Toda nudez será castigada, 77

A residência do insofrido, 81
Os Beatles são um pouco de tudo para todas as pessoas, 87
O concreto Corbusier, 90
Presença de santa Teresinha nas letras e artes no Brasil, 94
Um pouco de Sartre, 98
Bocage vive ainda, 100
Ampulheta de Borges, 106
O Ceasa de Eckhout, 109
Exercícios de leitura, exercício de surpresas, 112
Um resumo da nossa arte desde o Império, 116
Aquela morte em Veneza, 125

PARTE II — MESTRE DE CERIMÔNIAS (RESENHA, APRESENTAÇÃO DE LIVRO, EXPOSIÇÃO, CONCERTO, FILME)
Macunaíma, fábula e autorretrato de um povo, 133
Pedro Malazarte &TC, 136
Obscuridade iluminura, 144
Do opaco ao rutilante, 147
Um lance triplo de dados, 149
O lugar de Brito Broca, 164
Savinio, desconhecido, 172
Charters de Almeida: praticáveis para a utopia, 175
A poesia da função, 183
Duas palavras:, 199
Uma paginação da paisagem, 203
O sarcasmo solene de Brancati, 207
Pano para manga, 218
Sobre a iconografia no Museu de Arte Sacra, 225

PARTE III — CORREIO NOTURNO (POESIA)
LT a Murilo Mendes, 242

Um eulaliograma apenas, sem mistificação, Francisco Roberto Papaterra Limongi Mariutti, 251
A Quirino Campofiorito, 256

Este livro, 259
O autor, 262
Referências dos textos, 265
Créditos das imagens, 271
Índice onomástico, 273

Prefácio
Alexandre Eulalio revisitado

Vilma Arêas

> *E se tento isolar o ensaio com o máximo de radicalismo, é justamente porque o considero uma forma artística.*
>
> Georg Lukács, "Carta a Leo"

Não duvido que cause satisfação inesperada um novo livro de Alexandre Eulalio, primo do *Livro involuntário*,[1] organizado também pelo Calil, que, em desobediência ao escritor, mais uma vez se debruçou sobre seus escritos. Alguns dos textos de agora já estão publicados em livro, outros foram rearranjados, para que do novo convívio entre eles surja talvez um outro sentido, capaz de nos levar a uma nova compreensão do que lemos.

É que Alexandre Eulalio, embora escritor fecundo, conforme todos sabemos, só nos deixou um livro publicado — *A aventura brasileira de Blaise Cendrars* (1978) — com uma segunda edição[2] revista e ampliada com inéditos do escritor francês, desenhos, correspondência etc. Mesmo o "Ensaio literário no Brasil",[3] ganhador do prêmio Brito Broca em 1963, só veio à luz após a morte do ensaísta.

Seria o "demônio do perfeccionismo" a causa de o autor manter tantos ensaios admiráveis "em estado de gaveta"?[4] Ou devemos mesmo acreditar na qualidade de escritor esquivo, como Alexandre um dia se definiu? Difícil afirmar de uma vez por todas. O certo é que Alexandre Eulalio não gostava do constrangimento que as margens impõem ao que limitam. Para ele os fatos culturais em seus vários desdobramentos constituíam um único arco, animado, vivo, que incluía em seu movimento todas as artes e gêneros, da literatura à música, das artes plásticas à crítica, ou ao cinema, ou ao ensaio, localizados todos em seu momento histórico e relacionados com outras áreas de conhecimento.

É o que ele mesmo afirmou em introdução ao *Livro involuntário*:[5] "O enriquecimento da crítica literária tem que se dar assim em nosso meio, pela interpenetração não apenas com a Sociologia (o que acontece pelo menos desde o projeto Desanctisiano de Sílvio Romero) mas principalmente com a História e a Antropologia, muito em especial com esta última, com a Psicanálise e com o urgente conhecimento da teoria e prática das outras artes". E esclarece ainda que não se trata "da proposição de um novo Ecletismo, mas da instrumentalização de saberes complementares que contribuem de modo decisivo para a operação hermenêutica". Era necessário integrar a História à História das Formas, o texto ao contexto, inserindo-o ao mesmo tempo "no espaço abrangente da história das ideias, que é a história da cultura e história intelectual de uma coletividade". Só essa medida, "passagem para a abrangência", seria capaz de relacionar "marginalidade e internacionalização do conhecimento".

As duas primeiras seções deste livro podem servir de confirmação dessas palavras. São 38 textos cobrindo trinta anos, agrupados também segundo o veículo de comunicação, que em geral condiciona o propósito com que foram elaborados: os primeiros, conjunto de 24 escritos sob o título "Notas de uma agenda", abordam assuntos variados publicados em jornais de grande alcance; o segundo grupo, "Mestre de cerimônias", consta de catorze textos referentes a prefácios, apresentação de livros etc., acolhidos em veículos mais especializados; o volume se fecha com "Correio noturno", "LT a Murilo Mendes", isto é, telegrama noturno com tarifa reduzida sob a forma de poema "escrito em sonho", dedicado ao amigo.

Curiosamente a estrutura do poema retoma o "Murilograma a Cesário Verde",[6] análise jocosa e apurada, cuja quebra no interior de cada verso mostra plasticamente o caráter andarilho dos personagens de Cesário, além de aludir ao ritmo sincopado do poeta português.[7] Alexandre Eulalio retoma o mesmo tom jocoso, desde a explicação do poema: "Este LT foi escrito em sonho ao poeta de *O visionário*. Por isso tateia, tropeça, voa aos arrancos, fala alto, geme, ri sozinho: tem os olhos fechados e respira forte". À primeira vista a coluna da direita comenta ou brinca com o que foi dito à esquerda, ambas usando e abusando de construções neológicas, experimentações etc. Não podemos também deixar de lado a possível ligação do poema com o filme em preparação sobre Murilo, mas o LT ainda espera uma análise que organize esses dados.[8]

A reunião desses escritos possui certo caráter dispersivo pela variedade da matéria; por outro lado os textos foram também organizados segundo o fio cronológico, como a sugerir os passos do ensaísta ao fluir do tempo, de 1952 a 1987. Além disso, eles são fiéis ao projeto de Alexandre já referido, ocupando-se de autores nacionais e internacionais, de obras maiores ou menores, relacionados todos por suas diferenças ou insuspeitadas correlações, além do traçado dos grandes painéis históricos a sustentá-los, a exemplo de "Um resumo da nossa arte desde o Império".

Mas será um engano pensarmos que a sempre louvada erudição de Alexandre Eulalio e sua paixão literária o imobilizassem no isolamento dos especialistas ou nos labirintos estéticos, tornando-o isento da crítica franca. O "resumo" acima citado termina, por exemplo, com o ensaísta analisando com ironia "outra faceta dos nossos hábitos", numa época em que surgia "o vacilante gosto visual da fração cosmopolita da nossa alta classe média, no princípio do século xx e mesmo depois, quando possuir obra de autor premiado nos *salons* europeus era nota indispensável de categoria seja social seja intelectual".

É clara neste livro a importância de Mário de Andrade, cuja obra Alexandre admirava pela "complexidade milionária" e também por ser nosso modernista um escritor agregador, investigador e empenhado.[9]

"Crítica e condescendência", escreveu o autor de *Pauliceia desvairada*, "são coisas divorciadas desde sempre." E ainda: "As obras menores são importantíssimas, porém o seu valor é mais relativo que independente",[10] afirmação que gerou frutos, como sabemos, em nossa melhor crítica a partir do modernismo. Além dessas lições, Mário também meditou e trabalhou para desenvolver e compreender nossa cultura, projeto claro quando chefiou o Departamento de Cultura da Cidade de São Paulo,[11] momento em que deixou de ser um "idealista mais ou menos disponível […] pra [se tornar] um homem de ação".

É natural, portanto, que a presença do autor de *Macunaíma* perpasse neste livro em citações várias (filme de Joaquim Pedro, ensaios de Gilda de Mello e Souza e Jorge Luis Borges etc.), além dos estudos a respeito de sua vida e obra. Basta conferirmos "A residência do insofrido", "*Macunaíma*, fábula e autorretrato de um povo" ou "*Pedro Malazarte* &tc", libreto composto por Mário que assim o definiu maliciosamente em carta a Manuel Bandeira: "um libretinho-merda de ópera-cômica", com música de "Mozart" Camargo Guarnieri. As descrições brincalhonas da obra certamente revelam mais entusiasmo que menosprezo, pois Mário sabia que a realização da ópera-cômica brasileira havia sido um projeto acalentado desde o século XIX.

Em "*Exercícios de leitura*, exercício de surpresas", Alexandre faz várias ponderações ao analisar o belo livro de Gilda de Mello e Souza,[12] a partir do confinamento da ensaísta no gueto universitário, causa de permanecer escondido do leitor desavisado "um ininterrupto exercício de surpresas e descobertas apaixonantes".

Sem forçar comparações indevidas com este livro, os textos analisados por Gilda também foram redigidos em diferentes circunstâncias, levantando questões de importância a respeito de temas variados: a estética dos professores franceses, artes plásticas, teatro, literatura, cinema. Alexandre se surpreende com a qualidade homogênea de páginas tão diversas e conclui que em sua análise seria inevitável que se destacassem "alguns momentos privilegiados".

É o que farei em relação a este novo conjunto de escritos e seleciono de saída Borges, que aqui comparece com três textos, a começar por "O bestiário fabuloso de Jorge Luis Borges",[13] um dos mais conhecidos e comentados. Em sua análise Alexandre acrescentou à lista da zoologia fantástica do escritor argentino outros "monstros" de sua predileção, alguns já citados por Borges, a exemplo dos planetas descritos por Giordano Bruno como "*grandes animales tranquilos, de sangre caliente*". Mas não podia faltar a laçada com o Brasil, segundo o método do ensaísta, que além de situar seus objetos os colocava estrategicamente à contraluz de outros. Assim surgiram os animais fabulosos da tradição brasileira, seja na produção erudita, seja em nosso folclore, como aqueles diletos da Marquesa de Rabicó, ou a assombrosa piaba mineira, fisgada por um pescador de Varginha, meio peixe e meio revista, com seu farfalhar de folhas impressas enquanto se debatia presa ao anzol.

Embora em várias ocasiões Alexandre tenha criticado obras "de tese" ou "de chave", agia do mesmo modo quanto aos indiferentes à questão social. Em "Ampulheta de Borges", por exemplo, apesar da profunda admiração (*profundérrima*, diria Mário) pelo escritor argentino, Alexandre dele traça um retrato melancólico no final da vida, principalmente porque não soubera refutar os valores de toda uma época naquilo "que possuíam de mais monstruoso e perempto", isto é, os valores de casta, a insensibilidade aos problemas sociais, a hierarquização valorativa de raças e culturas. E mais: "À margem do arco voltaico da sua obra, as opiniões políticas e sociais do ficcionista de *El Aleph* representam lancinante testemunho de desaceleração do tempo ideológico".

Nessa mesma chave, não perca o leitor "O concreto Corbusier", texto escrito em 1965, ano da morte do arquiteto, e que retorna entre diversos tópicos e artistas em "A poesia da função", escrito em 1984, quando juízos estéticos estão também presentes na pauta da mesma discussão. Além de entrevistas e resenhas que se aproximam do ensaio pela qualidade — desse ponto de vista o veículo não importa tanto —, no volume existem pelo menos quatro textos sobre teatro. Em "Uma farça de Crommelynck", considerado por Jacques Copeau o melhor artista de seu tempo, Alexandre passa a limpo toda a tradição da farsa, gênero indestrutível, nunca gratuito e presente na literatura brasileira desde suas origens. A partir da paródia litúrgica, "marca de sua origem sacral", o ensaísta analisa as razões pelas quais a inquietação moderna recolheu a farsa do estado inferior onde a tradição a havia colocado. No desenvolvimento do tema, ele observa o gênero de perto, distinguindo de modo original "farça de ideias" de "farça lírica", observando que em momentos de extrema crueza elas podem deixar em suspensão a comicidade, aproximando-se do absurdo.

Num texto datado de 1965 sobre *Toda nudez será castigada*, Alexandre analisa dessa vez o sentido geral da obra de Nelson

Rodrigues, sua oscilação tragicômica, o grand-guignol dos entrechos, sua violência, humor negro e desafio poético, defendendo a tese, rara na época, de que Nelson Rodrigues, o único capaz de tocar "nessa caixa de marimbondos", fingira escrever uma peça realista, mas ela era, isto sim, "não realista", espécie de "melodrama de costumes, de herança folhetinesca", sem entretanto deixar de ser de primeira ordem. Acrescenta que a direção segura de Ziembinski, aliada à excepcionalidade dos atores, assegurou o equilíbrio do conjunto quando de sua estreia.

Não posso deixar de me referir aqui à entrevista feita com Clarice Lispector, quando a escritora não estava ainda na moda, publicada pela primeira vez em Lisboa[14] e republicada por mim e Berta Waldman no número 9 da revista *Remate de Males* da Unicamp, em 1989. O próprio Alexandre nos entregara a separata um ano antes de sua morte, com a costumeira gentileza: "Se vocês acharem adequado...". Ficamos gratíssimas e fotografamos as páginas para que abrissem a revista tal qual foram publicadas. Relendo o texto, observo a aproximação gradativa e delicada do entrevistador com a escritora, num diálogo entretecido de referências ao momento literário e à obra, que ele define como uma espécie de "vertigem imóvel".

No entanto, o que hoje, com o passar do tempo, acho comovedor na entrevista é a visão de uma Clarice ainda jovem, avaliando com equilíbrio a própria obra, acreditando na literatura, respirando "uma calma tensa", mas cheia de confiança no futuro, antes que os infortúnios a atingissem com tanta força mais tarde.

O equilíbrio e a construção minuciosa da entrevista, os detalhes finos e reveladores deixam também ver a figura do Alexandre artista, muitas vezes uma espécie de personagem, debruçado por sobre o ombro do crítico. Não há novidade nisso e vários amigos e analistas de sua obra se referiram ao fato. Certas relações insuspeitadas, conforme encontramos em "Marienbad: uma invenção de Morel", ou em "Carroll revisto por Faulkner", ou ainda as visões de Veneza na análise dos poemas de Lélia Coelho Frota dedicados a Maria Leontina ("Duas palavras:"), nos provocam, pela imanência de seu sentido poético, um sentimento vizinho da emoção estética. Percebemos que o personagem-poeta está sempre a postos — a poesia, mais uma arma de penetração — nesses textos abertos, porosos entre vários gêneros. No fundo ele não acreditava em nomenclaturas. O problema era outro, era o da compreensão do texto em sua sempre relativa liberdade.

Basta-nos observar a irônica definição com que apresentou seu livro premiado em 1978: "reportagem, crônica, ensaio, álbum, seleta, registo de gravações, livro de figuras, roteiro de filme, documentário". Essas palavras, repito, atestam sua descrença em recortes nítidos, certo desapego pelas teorias, que coincide, segundo Antonio Candido, com o gosto pelo real, pela obra em relação ao mundo. O leitor e o crítico em Alexandre se equiparam ao artista. Por isso admiramos tranquilos, em "Guignard, o manso", o balão incendiando-se na tarde luminosa, enquanto os fogos, "margaridas altíssimas, queimavam-se"; ou Corbusier colhido pela morte "nesse mar cor de vinho que se espraia de Homero a Saint-John Perse"; em "Aquela morte em Veneza", lemos que o corpo morto de Stravinski foi levado numa gôndola que "arrastava principescamente pela água uma cauda negra franjada de ouro. Esse pano molhado de sal ficou valendo para mim como o coerente pano de boca que descia sobre fecundo mundo da arte stravinskiano".

Não se trata da simples presença de expressões rebuscadas, que podem funcionar para o afastamento da poesia. Aqui, ao contrário, elas disparam um sinal de alerta. E nos damos conta de que existe algo que oscila, algo que é difícil de compreender, banhado ao mesmo tempo pelo estilo "sóbrio e incandescente" que ele atribuiu um dia a Gilda.

Então, revirando a dificuldade pelo avesso, acreditamos que a singularidade de Alexandre nos autorize a imitá-lo e interpretá-lo com a mesma liberdade de criação que ele se permitia.[15] Sem absolutamente abrir mão do humor. De outro modo, como entender alguém que se definiu um dia como "um anarquista fascinado pelo Imperador", que, carioca, se dizia mineiro de Diamantina, sendo ao mesmo tempo um intelectual empenhado, defensor dos vanguardistas do século xx e interessado na formação de uma tradição nas artes brasileiras? É que só alguns poucos como Alexandre conseguem atravessar o espelho da ficção e passar para o outro lado da vida sem desistir nem de uma nem de outra.

Não será por acaso que a conferência pronunciada por Antonio Candido em 1989 na Unicamp, em homenagem a Alexandre,[16] tenha sido "A poesia pantagruélica", com uma epígrafe de *Alice através do espelho*.

Aproveito a deixa e termino com um retrato de Alexandre traçado a mil cores por Zuca Sardan, outro notável equilibrista no mundo das artes e grande amigo do retratado. O trecho, com todas as liberdades e insights da poesia, está em "Alexandre Eulalio, ou, o Coelho Branco":[17]

> Alexandre era um bizantino em Veneza. Uma finesse mais rara, uma inteligência mais labiríntica que a do próprio Doge. E de uma tão disfarçada modéstia, que era esta invisível. [...] Tinha um pouco do Borges disfarçado no Coelho Branco de Alice, e um pouco do Coelho Branco disfarçado em Jorge Luis Borges. E tinha muito do Borges. E muito mais do Coelho Branco. E muito do Alexandre disfarçado no próprio Alexandre. [...] Mas não conseguia enganar os amigos. Ou, pelo menos, nem todos. Tanto que deixou uma legião de amigos. Mas todos muito selecionados, uma espécie de tropa de Brancaleone de poetas, reitores, condessas italianas, intelec-

tuais em segundo grau, alquimistas em quinta-essência, livreiros, professores... Alexandre era — e é — uma figura caleidoscópica [...]. E com um incrível senso de humor.

Ninguém o diria melhor.

NOTAS

1. Alexandre Eulalio. *Livro involuntário: Literatura, história, matéria & memória*. Org. de Carlos Augusto Calil e Maria Eugenia Boaventura. Rio de Janeiro: Editora UFRJ, 1993.
2. Id. *A aventura brasileira de Blaise Cendrars*. 2. ed. rev. e ampl. por Carlos Augusto Calil. São Paulo: Imprensa Oficial; Edusp, 2001.
3. Id. "O ensaio literário no Brasil". In: *Escritos*. Org. de Berta Waldman e Luiz Dantas. Campinas: Unicamp, 1992.
4. Cf. José Guilherme Merquior, "O demônio do perfeccionismo". In: *Alexandre Eulalio diletante*, número especial da revista *Remate de Males*. Org. de Maria Eugenia Boaventura e Carlos Augusto Calil. Campinas: Instituto de Estudos da Linguagem (IEL), Unicamp, jun. 1993.
5. Alexandre Eulalio, "À guisa de prefácio (A imaginação do passado)". In: *Livro involuntário*, op. cit.
6. Murilo Mendes, "Murilograma a Cesário Verde". In: *Poesia completa e prosa*. Org. de Luciana Stegagno Picchio. Rio de Janeiro: Nova Aguilar, 1994.
7. Vilma Arêas, "Três vezes Um. Apontamento". In: *Estudios Portugueses*, Revista de Filología Portuguesa, Salamanca, v. 1, fac. 2, 2002.
8. Carlos Augusto Calil, em "Nota do organizador", esclarece que o poema foi escrito em Veneza e Roma, em maio de 1971, quando Alexandre Eulalio se preparava para realizar o filme dedicado a Murilo Mendes e que, "salvo engano, serviu como pré-roteiro das filmagens". Cf. p. 240.
9. Cf. o ótimo "Retratinho de Alexandre", de Vinicius Dantas, em *Alexandre Eulalio diletante*, op. cit.
10. Cf. "A Raposa e o Tostão". In: Mário de Andrade, *O empalhador de passarinhos*. 3. ed. São Paulo: Martins, 1972.
11. Imprescindível ler Mário de Andrade, *Me esqueci completamente de mim, sou um Departamento de Cultura*. Org. de Carlos Augusto Calil e Flávio Rodrigo Penteado. São Paulo: Prefeitura de São Paulo; Imprensa Oficial, 2015.
12. Gilda de Mello e Souza, *Exercícios de leitura*. São Paulo: Duas Cidades, 1980.

13. Davi Arrigucci Jr. escreveu um ensaio esclarecedor sobre o tema: "Alexandre, leitor de Borges". In: *Borges ou da literatura: Problemas de leitura e tradução*, número especial da revista *Remate de Males*. Org. de Carlos Augusto Calil, Maria Eugenia Boaventura e Orna Messer Levin. Campinas: Instituto de Estudos da Linguagem (IEL), Unicamp, 1999.

14. Alexandre Eulalio, "No Rio, com Clarice Lispector". In: *Boletim bibliográfico LBL*, edição Livros do Brasil, Lisboa, n. 4, jul./ago. 1961. Cf. p. 54.

15. Cf. "Retratos sem imagem", em *Alexandre Eulalio diletante*, op. cit.

16. Cf. a seção "Em memória", em *Alexandre Eulalio diletante*, op. cit.

17. In: *Novos Estudos Cebrap*, n. 42, jul. 1995.

* Todas as notas numeradas são do próprio autor. As notas chamadas por asterisco são de Carlos Augusto Calil.

PARTE I

NOTAS DE UMA AGENDA
*(Jornalismo:
entrevista, crítica e crônica)*

Uma tragédia americana

Estranhíssima experiência dentro do clima do sentido do cinema americano fez George Stevens com o argumento extraído de T. Dreiser e batizado como *Um lugar ao sol*. Jamais que me lembre outro filme americano trouxe tal poder de sugestão, engajando em seu conteúdo tantos elementos de origem (e missão) diferentes, todos entretanto perfeitamente coadjuvados, levando a um máximo tão legítimo quanto necessário. O que mais me espanta — quanto mais penso no assunto — é a extraordinária consciência do diretor, uma consciência enorme, pois na verdade ninguém o ganharia em madureza e plenitude e verdade, três coisas que pouco se combinam para formar um uno tão perfeito. Só essa consciência diretora completa poderia restaurar Dreiser, com material de Dreiser e fazer algo com que Dreiser sentir-se-ia violentamente traído. Pois foi o que realizou George Stevens extraindo a essência dispersa pelas outras intenções do escritor, mostrando a intensidade do que havia de mais humano na obra que nesse prisma escapara a Theodore Dreiser.

Um dos problemas que mais me apaixona é o das relações entre cinema e literatura. Haverá mesmo a apregoada liberdade de direito que os homens de cinema pretendem mostrando que a diferença de meios de expressão (consequentemente de intenções) não os obriga em nada à obra literária. Esta será unicamente inspiradora, quando muito, de estados plásticos, ou melhor, de estados cinematográficos. Não entra agora aqui ao problema, pois ele daria margem à discussão de outro velho mais ainda: o valor humano como centro e sentido do interesse artístico, o que é muito difícil para ser resolvido sem mais aquela. Entretanto, ao se falar de *Um lugar ao sol*, é obrigatório o abandonar a questão; e quem aqui escreve tende a uma posição conciliatória de interpretação cinematográfica — fiel, no entanto, ao sentido da obra literária —; outras razões que não de penetração em sua essência seriam menores e não desculpariam o ser ir até seu estado definitivo. Verdade se diga que esses termos teóricos são o ideal e pertencem à categoria das realidades menores que não se realizam na prática; entretanto, prova palpável dessa penetração, que absolutamente não é literal mas perfeitamente cinematográfica, foram, para citar só três filmes de minha preferência: *A dama de espadas*, de Thorold Dickinson — Púchkin de uma maneira assustadora, Anton Walbrook super-representando como devia; a *Eugénie Grandet*, de Mario Soldati, a minúcia balzaquiana transposta nos admiráveis primeiros planos em que é vazado todo o filme, primeiros planos em que as máscaras dos atores e os corredores da *maison* Grandet tinham a mesma importância; e o *Rocking horse winner*, de Anthony Pelissier, onde Lawrence está todo inteiro, seja na sofisticação da mãe, na observação do décor ou nas variantes do cenário. Esses exemplos possantes é que poderiam receber o nome de "versões cinematográficas", pois por absorção ou coincidência de ser, o autor por escrito e o autor por imagens, graças a razões tais, foram um só. O que seria o ideal descanso para os escritores preocupados com sua mensagem.

Entretanto, pondo-se em atitude completamente contrária à desse ponto de vista, o que vem sem dúvida mostrar talvez a possibilidade de libertação dos homens de cinema, tivemos George Stevens, que da *Tragédia americana* só conservou as linhas mestras e o tom do título, que sendo de Erico Verissimo estava perfeitamente dentro da linha e do sentido de Dreiser. Theodore Dreiser escreveu-a em 1926, uma obra ressentida, mostrando o peso da sociedade aniquilando suas incongruências, suas exigências absurdas, seus tiques, sua hipocrisia, sua falsa intangibilidade, seus preconceitos que arrasam e destroem tudo o que há de puro, ou pelo menos tudo que poderia ser puro e bom. Continuando na *Tragédia* o tom iniciado com *Sister Carrie* no 1900, a certeza de sua missão de acusador fá-lo-ia continuar sempre em seu modo que começava a envelhecer (desde 1920 a renovação americana formadora de todos esses nomes tão conhecidos nossos já estava produzindo), mas sua sinceridade tão despida tornava seus livros cheios de sentido social. O drama do personagem George Eastman tinha assim aquele ar de "necessidade" irrefreável, de desgraça constante, que a incompreensão do meio (motor de seus erros) num crescendo o ia levando aos trambolhões, até o equívoco tremendo do lago. Quando ainda a máquina social, reconhecida, infalível, o condenaria à destruição, sendo ele inocente. A cena do julgamento é antológica, a tensão do realizador literário coincidindo com a revolta do autor que leva a uma exacerbação incrível o absurdo social. Esse desespero impossível de ser mitigado, principalmente no regime americano vigente, fez com que Dreiser — a esperança depositada no além da revolução — entrasse para o Partido Comunista, como aconteceu há alguns anos.

George Stevens, partindo do ambiente dramático de Dreiser, refunde em seu filme toda a atmosfera do livro. Negando fundamentalmente o sentido do trágico literário que intitulou o romance — isto é, o sentido de irremediabilidade social caindo como uma desgraça sobre o herói até seu aniquilar final, injusto como pretende o escritor —, o diretor leva para o campo humano pessoal a experiência violenta de George Eastman, tornando-a, aí sim e tão somente, trágica no sentido da vivência. Tão somente aí, quando alcançou o plano particular de George Eastman, pois no sentido de Dreiser o determinismo social, à primeira vista mais desesperador, não faz com que o primeiro personagem viva seu drama, viva sua tragédia. O sentido forte que o diretor George Stevens consegue é exatamente este: ele restaura dentro do campo próprio, a própria essência trágica dos personagens, tornando possível uma verdadeira ressurreição do sentido não grego, mas cristão do acontecimento. Despido das contingências de época, o "material" do livro está restabelecido no filme com toda violência; a dignidade humana dos personagens, cada um consciente de suas responsabilidades como pessoas possuidoras do livre-arbítrio final, arcando eles com as responsabilidades aceitas pela imposição maior, pela condição humana de seres que são. Eis aí o verdadeiro sentido trágico do filme onde tudo isso se concentra na figura de George Eastman, que em vez de sofrer a simplificação de símbolo é apenas homem, homem cristão, cheio de fraquezas, e mais que fraquezas, cheio da consciência delas. Donde a mudança do sentido inicial do título de Dreiser: *Uma tragédia americana* (uma tragédia sofrida dentro das condições sociais americanas de *struggle for live* livre concurrentista), para o sentido renovado de "Uma tragédia, americana"; americana somente como localização geográfica de mais uma criatura consciente, de mais uma criatura que recebeu o choque e tem os olhos abertos — mas que nem por isso se pode impedir da queda. Esse sentido está patente no alto misticismo do filme, principalmente na cena do lago, quando só o pensamento de matar Alice presente, a mulher a mandá-lo olhar para trás, eis George que o faz, brusco, de uma maneira tão cheia de vergonha e medo se escondendo atrás do ombro, certo de encontrar, além do anjo chorando de que fala Jorge de Lima, o olho de Deus, presente e terrível.

Por falar no tremendo misticismo que vibra em *Um lugar ao sol*, o elemento demoníaco está presentíssimo no filme, uma das razões de achá-lo, ainda deste ponto de vista, das mais estranhas experiências do moderno cinema americano. Sem se tocar outra vez na cena do lago (resposta desenvolvida a outra de Monsieur Verdoux), a entrega de George à justiça é igualmente ou talvez mais ainda impressionante. Empreendida como por instinto a fuga mecânica do herói, após uma corrida pelos bosques vizinhos, trôpega e descontrolada (uma série de tomadas em travelling o acompanha), dentro do enquadramento percebe-se ao fundo alguém parado, em plena calma. George atinge a clareira e de repente vê, a bastantes passos dele, o homem sem rosto que a câmera, estática então, focaliza. O homem é senhor da floresta, está ali esperando George, e por onde George passasse ele ali estaria, esperando implacavelmente. "Você é George Eastman?" George está salvo, donde a calma intensa da cena. O velho é a própria necessidade do castigo, e como o castigo dói, mesmo quando necessário, a tensão e o medo da figura parada agem sobre nós. Mas há calma e alívio. "Sou." "Está preso então." O sentido demoníaco (demônio necessário quase anjo) desse personagem está claro não pela figura barbada, mas por sua própria consciência no meio das árvores, onde esperava, certo. Consciência que o diretor soube penetrar, dono de outra enorme também, como bem mostram os detalhes cinematográficos do todo; sua certeza no emprego da música (e principalmente dos silêncios) mais a fluidez da fotografia que se desfaz em *fades* — e são fusões na verdade — mais a escolha a dedo dos artistas que pela presença já se impõem, tudo fazendo aumentar progressivamente nossa participação. Talvez caiba aqui uma nota referente ao verdadeiro "acontecimento do oratório" que é a cena do lago. Todas as falas de Shelley Winters estão dentro duma necessidade completa na música de Waxman, a bela voz da artista completando e completada pela partitura; do ponto de vista sonoro a cena é uma ária completa, isto dentro duma gravidade artística e discrição absolutas.

A entrega necessária de George a seus justiçadores, tão fácil, mas não isenta de dor, leva-nos ao problema da culpa do herói. Culpa que vem não da morte de Alice que não cometeu em ato, mas do complexo de traições e miseriazinhas em que ele se viu jogado, viu e não pôde reagir por fraqueza e impossibilidade. O amor sem dúvida mais intenso e mais sério de Alice suplantado pelo lirismo e encantamento e beleza de Ângela é a exemplificação episódica desse fato. A fraqueza de preferir a graça invulgar (sentido etimológico) de Ângela à consistência de Alice, tornada mais dolorosa pela superioridade material da primeira — o que não escapava à consciência de George —, fazia crescer seu sentimento de culpa, não só de traição a quem possuíra, mais que isto, a traição a si próprio por voluntariamente escolher o pior. (A dívida, pois, era consigo próprio.) Fraco ao ter de decidir, fortíssimo quanto ao caminho, George Eastman vai caindo (vendo) irremediavelmente. O que com desespero aí inserto, do ponto de vista kierkegaardiano facultar-lhe-ia o perdão que alcançou mais tarde, e em completo, podendo ter sua morte tão pura e liberta. Caminha em frente, certo da certeza peculiar dos Eastman, e a única vez que desiste, por esgotamento, o demônio ajuda com o acidente "involuntário" do lago, do qual ele sai perfeitamente culpado, tão possuído da ideia da morte que estava. Donde sua relativa indiferença no julgamento, quando acontece a crença geral em sua inocência (com a qual o promotor luta desesperadamente para não se convencer também), ao contrário de sua dele necessidade do castigo que o purgará.

Aqui Rascólnicov funde-se com Dmitri Karamázov, e são as cenas da prisão duma intensidade tão grande, de um misticismo tão necessário. E o processo de aniquilamento torna-se exaltação quando nessas sequências sua mãe, paralelamente e com mais raízes que o sacerdote, fala na insignificância da morte, e diz a ele que só cuide de entrar com a alma lavada no seio de Deus. Assim pois o absurdo completo na visita final da amada, quando ela, presa como tinha de estar à terra, vem garantir seu amor eterno. A beleza das palavras tem pouco significado. "Fui à escola de novo e nada aprendi"; no máximo conseguem trazer um vago eco de ternura da vida já encerrada e catalogada de George. O drama de Ângela é tão menor apesar de sua presença emocionada que o primeiro plano médio de George, colocado nesta sequência — a expressão do rapaz em pura guarda, os olhos olhando —, mostra em sua pequenez a moça desconsolada. O "plano americano" de Montgomery Clift olhando é uma das maiores expressões do absurdo no sentido mesmo que os existencialistas desencavaram em Kierkegaard já expressas neste setor de valores chamado arte. O que pode interessar a ele respirando em sua entrega ao Senhor essas coisas relacionadas à vida vivida? Ele está agora metade morto, muito mais pertencente à morte que à vida. Só a longínqua ternura que consegue atravessar as muralhas desse estado é que o impede de nem a ouvir.

A vibração dos últimos momentos de George Eastman é algo de apaixonante. Aí sim que se misturam sofregamente todas aquelas contradições do finito e infinito que Hegel pretendia da natureza do Cristo. As últimas cenas do *L'Etranger* de Camus nos são lembradas pela semelhança de tom entre os dois personagens que entretanto se repelem de polos opostos. A serenidade do fim total esperado estoica e ironicamente pelo estrangeiro não deixa de se assemelhar à plenitude calma de George, que caminha também por necessidade para o repouso. Repouso de exaltação inteira, e os passos de George por isso não têm falso, e por isso a pureza clara de seu rosto. As palavras do Evangelho que são ouvidas não estão pois como lugar-comum. A própria seleção foi feita dentro duma necessidade completa. Estão cheias de seu sentido denso, de sua verdade revelada. Donde o passar sem ouvir entre as celas dos companheiros, caminhando firme, perdoado. Sua vida jamais foi tão intensa, nem a morte esteve tão nele. O rosto estático, firme, recebe a sombra gradeada; caminha certo.

O ambiente monumental do livro, sem dúvida, perde dentro do filme seu grandioso arquitetônico de coisa irremediável, mas essa grandiosidade não pode evitar o trágico "apesar do" (*malgré-lui*), sacrificado que é no sentido moderno. Em George Stevens, o ambiente "de câmera", pleno da consciência e da necessidade da figura central, a tragédia acontece totalmente. O que perde em determinismo arrasador ganha em consciência, logo em dignidade, dignidade humana cheia da liberdade, a que se tem direito pela própria condição.

George Stevens vem assim mais uma vez deixar em aberto, depois de tocar em problemas bem mais fundamentais (tão raros dentro do aspecto do cinema americano), a questão da fidelidade para com a obra literária. Pessoalmente fico achando, palavra, que assim se pode trair o autor.

1952

A morte de Graciliano Ramos

Dizer que perdemos com a morte de Graciliano Ramos uma das primeiras figuras, senão a primeira, de nossas letras contemporâneas não terá quase sentido — os expoentes de uma literatura jamais se perdem, sua presença está constante nas suas obras realizadas. Autor de quatro romances, alguns contos e de memórias inéditas em quase sua totalidade — pois até agora o leitor só teve conhecimento da *Infância* —, Graciliano ocupa um lugar definitivo e indiscutível em nossa incerta literatura: dessa maneira, sua morte significa somente o limite de sua obra dentro do tempo. A doença entretanto, ao que parece desde muito, impedira-o de suas funções — o autor de *Vidas secas* há muito não podia mais escrever. O homem se foi agora. E é duro, a morte de um homem.

A definida posição política de Graciliano vai dar, certamente, motivo a um sem-número de mal-entendidos e injustiças na obrigatória revisão que, proximamente, irão sofrer sua obra e sua vida, mal-entendidos e injustiças que aliás não poderão sobreviver muito tempo. Os extraordinários valores humanos, a admirável forma de seus livros vão sofrer em detrimento das "intenções menores" com as quais muitos pretenderão diminuir aquele equilíbrio despojado que é a sua maior qualidade, assim como esta e aquela atitudes mais demagógicas apontadas dentro da esplêndida *nuova esigenza*, de sua vida. Que se ocupem desses pontos de vista pessoas com mais razão que eu. Eu preferia ver de novo aqui um outro Graciliano, o inspetor federal Graciliano Ramos que conheci nos meus tempos de São Bento, entrando nas salas de aula antes do início das provas parciais. Nos levantávamos cochichando meio excitados. "Este é o Graciliano Ramos." "Quem?" "Graciliano Ramos, um dos maiores escritores brasileiros." "Ah!" Falávamos quase alto para que ele nos ouvisse e nos olhasse. Mas o escritor era perfeitamente não vaidoso ao que parece. Tenho ainda perfeitamente presente — estava no quarto ano do ginásio, e meu livro mostra ter sido isto em 1947 — quando, após a prova de francês do professor Chiavegatto, desci eu, o coração pulando, a escada que ia ao científico com *Caetés* e *São Bernardo* na mão. Graciliano estava na sala dos professores ou na secretaria, nem sei mais, e com toda uma naturalidade, para mim pasmosa, pôs uma dedicatória onde eu pedia apenas um "autógrafo": era o primeiro que requisitava, e jamais pudera imaginar que o uso permitia oferecer um livro que não se dera de presente. Mas minha alegria chegou ao máximo quando o escritor me perguntou se ia descer a avenida e eu me vi pela rua Dom Gerardo e depois pela Rio Branco a seu lado, quando o professor Azevedo Corrêa nos deixou na esquina com a Presidente Vargas; acho até que me vi perdido. Mas ele era ótimo, fui ficando à vontade, e Graciliano levou-me então para a José Olympio. Aquela tarde foi dele, toda, ouvindo com espanto admirado seu pontificar extremamente simpático, do qual tão pouca gente escapava. Só me lembro, entre os respeitados, de Balzac, de Zola, de Tolstói.

Eu espremi meus conhecimentos e perguntava, tímido, ainda: "E Silone?". "Só *Fontamara*. O resto, muito reacionário." "Mesmo *Pão e vinho?*" (Meu primo havia dito ser esta a obra-prima do italiano.) "*Pão e vinho* principalmente." Eu aprendia, só os olhos muito abertos. Vi-o só mais uma vez, isto é, nas provas parciais do outro ano. Então levei *Angústia* e *Vidas secas*. Provavelmente, nas próximas chegaria a vez de *Insônia* e *Infância*, mas não foi. Nossas relações eram semestrais, eu as cultivava modestamente nem sonhando intensificá-las. Dessa outra vez, como levara os livros antes da prova, não pude sair com ele — a bem dizer, tinha medo de caceteá-lo. Depois saí do São Bento e o perdi de vista; havia também o medo de não ser reconhecido que me fazia evitá-lo. De vez em quando chegava até a José Olympio e arriscava o olho para as cadeiras do fundo. De vez em quando ele estava lá.

Outros que apontem suas falhas. Eu prefiro aqui admirá-lo com menor entusiasmo, mas com melhor lucidez que no tempo dos quinze anos. Se hoje compreendo por que *Caetés* lhe desagradava demais — naquele tempo só poderia ver modéstia naquilo —, a realidade existencial de *São Bernardo*, de *Angústia*, de *Infância* me fazem seus livros muito mais amados, perto que estão dessa seriedade "trágica" que é centro de uma maturidade consciente como queremos. Da linhagem de um Dostoiévski pelo plano no qual construiu seus livros, pelo seu tom e pela sua força, obra onde o autor está comprometido por inteiro, em sua condição humana, é impossível ver em Graciliano apenas o romancista do Nordeste, somente o romancista documentador. A existência de seus personagens no abafamento, no sentimento de ausência que os arrasa, pobres Paulo Honório e Luís da Silva, ultrapassara de muito seus casos particulares, fazendeiro da Viçosa das Alagoas ou funcionário de Maceió. Nisto muito bem soubera tocar a crítica americana à versão inglesa de *Angústia* (*Anguish*, editado pela casa MacMillan), a única que, de tudo que se escrevera sobre ele, lhe satisfazia. Como duvidar então, pois, que um homem tão acordado, tão sofrido, um homem tão real como Graciliano não possa ultrapassar, mesmo no seu campo existencial particular, as intenções imediatas que se arrogava? Mauriac, na *Vida de Jesus*, fala que um dos maiores mistérios do cristianismo, o qual nos deve encher de uma esperança tão profunda para com a misericórdia de Deus como do temor de sua justiça: jamais podemos estar certos da perda de uma alma. Quem nos garante que Judas, ele próprio, tenha se danado? Pois também quem viu a nobreza calma do rosto de Graciliano em seu velório terá sempre esperança de sua salvação. Aquela impaciência amarga para com a injustiça social que o fez aderir à causa da revolução havia serenado de todo. Seria somente a consciência da tarefa cumprida? É pouco para tanta calma. Graciliano mereceria mais, havia muito mais necessidade de infinito nas linhas severas de seu rosto.

1953

Uma farça de Crommelynck

A violenta distorção de valores que caracteriza a farça, em *Le Cocu magnifique* de Crommelynck, alcança uma pungência toda especial, crueza que a situação linear não contorna, crueza de situação e linguagem, deixa em suspenso a própria comicidade da peça, em certos momentos atingindo o absurdo que suas situações propunham não só no plano do desenvolvimento, como na própria perda de controle do previsível no enredo, que o espectador já não domina no momento da representação, e passa provisoriamente a admitir sem mais julgar.

Tudo sendo possível de acontecer, tanto pelo lado da crueza como da imaginação do poeta, o público fica completamente entregue ao autor; o choque da farça sendo assim mais profundo. Seu sentido de apólogo impõe-se naturalmente, e o maior rendimento dramático do problema que coloca dá margem a uma mais ampla discussão de ideias. Cortado o elemento verossímil da realidade cotidiana, e tudo se passando nesse ambiente de exceção, a farça isola-se como realidade ao mesmo tempo que se afirma como exemplo ou alegoria. Alegoria de traços íntimos, que não entregam imediatamente o contorno de seu sentido. Este só se revela após uma atenta observação de seu enredo e de seus personagens, cuja essência emocional está, por definição, na impossibilidade da tragédia: pela pequenez de suas proporções, pelo contingente que neles é fundamental, pela escolha do particular que aí se realiza.

Se a farça — ou mais etimologicamente farsa — vem, através do castelhano, do latim *farsus*, e quer dizer "recheio", "enchimento" (essa espécie de diversão colocada como intervalo da ação séria, aliviando a tensão do *mistério* e do *milagre* que estava sendo representado), alcançava aí validade toda especial. Mantendo dentro desse espírito de paródia litúrgica uma liberdade total com o escabroso, o gosto mesmo de juntar o devoto com o grosseiro (este valorizando aquele pela sua própria inferioridade) mostra quanto ela guardaria, no fundo, a marca de sua origem sacral. A crueza de diálogos que lhe é característica, seus tipos fixos de gosto popular, suas atitudes sempre as mesmas, pouco a pouco, pelo progressivo interesse que sua facilidade motiva, farão a farça voltar-se para a crítica de costumes, esquecendo seu caráter secundário, sua função de repouso dramático. Tornada gratuita, ela degenera e se degrada irremediavelmente.

A inquietação moderna lança outra vez mão da farça para se exprimir. Recolhendo-a do estado inferior em que se encontrava na tradição, renova-lhe o significado espiritual, necessitando de sua ambiência absurda e sua inconsequência cômica para expressar, poética e sarcasticamente, seus problemas e insoluções de humanidade esfacelada. A farça lírica, a farça de ideias, já substituem, por sua muito maior flexibilidade, o ar categórico do teatro de tese, que, por sua rápida caduquice, deixa logo de convencer. Tanto mais que a farça, com seu poder de concisão que lhe vem de ser peça de dados sumários, responde muito mais diretamente ao problema que motiva o autor, desde que a simplicidade de seus personagens não o afastará da ideia central de sua farça, que existe em função dela.

Le Cocu magnifique é uma dessas farças de ideias. Na qual seu significado volta a possuir grandeza pela adequação da forma ao conteúdo. A história, fescenina na melhor tradição, pode ser resumida em poucas linhas. Bruno, que por excesso de amor não resiste em exibir sua mulher a outro homem, torna-se, de certo momento em diante, cheio de dúvidas (talvez ela venha ter vontade de me trair e o acabe fazendo). Preferindo eliminar a dúvida, insuportável para sua imensa vaidade, obriga-a a se entregar a todos os homens da aldeia. Pois essa posse grosseira acontecendo compulsoriamente, a possibilidade da traição (isto é, a possibilidade dele, Bruno, ser preterido por outro) desaparece. Seu medo pânico de um amante real, que poderia existir escondido e aceito, não apenas *obedecido*, o único a quem ela se entregaria com prazer, vai lhe fazer, em sua alucinação, propor-se a si próprio, disfarçado como pretendente. Porá à prova dessa maneira sua mulher, a quem desagradam, obrigatoriamente, os vulgares e viciosos homens do lugarejo, e talvez sonhe com um estrangeiro. E Stella, que até agora apenas obedecera ao marido que adorava, sente-se abalada: apaixona-se pelo estranho assediador e trai conscientemente o esposo.

Enganado por si mesmo, Bruno exulta e se desespera: está certo, mas de que cruel certeza! Situação desesperante e não menos equívoca, embora Stella se regozije com o fato, tendo o feito por não feito "Cocu" já uma vez e inequivocamente (ele o sabe mais que ninguém), Bruno passa a desconfiar de Stella. Resta à esposa a possibilidade de amar ternamente aquele que não veio. E surpreendendo-a, certa vez, lutando contra o pretendente que, pensa ele, ela não quer igual aos outros, vai matá-lo, quando Stella se decide a abandonar sua tortura. E Bruno cai morto de surpresa e dor.

Desenvolvimento anedótico de uma crise individual, de uma tensão passageira ou de uma insolução definitiva, a farsa é alucinação. Refletindo bem esse sentido ficou em português também com a significação de "mentira", que meu dicionário dá numa citação de Castilho. Alucinação do personagem, mentira para o público, mentira do personagem, alucinação para o público, *Le Cocu magnifique* é uma peça onde a distorção de valores chega a tal grau, que a angústia do personagem começa a angustiar a plateia, pois seus detalhes risíveis não escondem mais o descontrole geral da situação fora da consequência razoável, "normal". Como se passasse um filme ao contrário, e que cada coisa fosse vista em sua trajetória inversa. Filme ao contrário, ou então quadro em que se devesse substituir todas as cores, uma por uma: onde se vê azul, veja-se amarelo, malva e assim por diante. O público, obrigado a essa substituição constante, acabaria por aceitar simplesmente a situação para julgá-la depois. Desse "depois" é que vai sair a força apologal da farsa, perdida na confusão geral de valores que se estabeleceu durante a representação. E o autor se aproveita desse estado geral de desorientação para ir mais longe em sua sugestão, que, depois, em sua lenta reversão em ideia, acordará na cabeça do espectador.

Farsa de ideias, *Le Cocu magnifique* tem, no entanto, muitos pontos de contato com a farsa lírica. Especialmente com *Amor de Don Perlimplín con Belisa en su jardín*, de Lorca — e, apesar da diferença fundamental de intenções e efeitos dos dois autores, há como que uma identidade de situações entre Perlimplín e Bruno. O herói espanhol, que, impotente, não pode satisfazer a flama de sua Belisa, inventa e vai encarnar o romântico personagem que assedia sua jovem esposa, a qual vai encontrá-lo morto no jardim, envolvido na grande capa com que se cobria. Desenrolando-a para ver o rosto que imaginara o mais belo da terra, dá com Perlimplín, seu ridículo marido.

Se Lorca pretende construir a alegoria poética do amor de Perlimplín que ultrapassa sua impossibilidade de realização no lirismo infeliz e sublime dessa "aleluya erótica" (subtítulo barroco tão a seu gosto que dá à peça, pois farça, embora "para muñecos", reserva para o delicioso e cruíssimo *El Retablillo de Don Cristobál*), Crommelynck pretende ir muito além em sua farça de problema. Concebendo o gênero como pesadelo e alucinação do personagem central, no fundo concepção de todo autor — e nisto inclusive Lorca constrói Don Perlimplín através de sua veleidade impossível —, vai trazer o absurdo para dentro desse mundo de fantoches, não simplesmente o absurdo de enredo, mas absurdo como dimensão perdida, que os fantoches nem percebem existir invisível. Pois a farça corresponde como que à dramatização do problema de um só personagem, cenarização de sua angústia, a qual só se pode expressar em termos de absurdo. Desenvolvendo um estado de contentamento de uma crise individual, é pesadelo, é alucinação. Alucinação do senso comum, que, encarnado no coro, o transpôs para a plateia, é como que a medida, a justiça pela qual se mede todo o teatro que não seja meticulosamente de tese ou de enunciação de princípios, mas de problema.

Le Cocu magnifique faz parte desse teatro de problema e dentro dele ocupa posição toda especial. Colocando em termos de farça — único possível para exprimir com a necessária veemência esse problema de personalidade, ou melhor, esse problema de desumanidade, de exceção (pois Bruno se destrói por exceder à medida comum) —, Crommelynck atinge essa completa distorção de valores que não deixa de aterrorizar atrás de todo riso que provoca, nos proporcionando um violento choque cênico. O desrespeito de todo valor consagrado, mesmo quando seja realizado através do cômico, não deixa de chocar violentamente, e embora o procedimento teatral da peça lembre o teatro de fantoches, a libertação de instintos que este propõe não é alcançada com o mesmo sucesso. O que é descarregamento de energia nos bonecos, transposto para a figura humana, ganha outro significado: torna-se chocante com o homem o que, no palco minúsculo, era apenas picante. Assim as correrias em bloco com que se inicia o terceiro ato lembram no fundo as dos personagens do guinhol. É que, mesmo rindo, se está em plena zona de profanação. Só se profana o que tem significado sacral — a farça, em sua linha obscena, tem outra vez a antiga carga emotiva. O sagrado e o profano, reunidos no mesmo momento, não mais este abrindo a perspectiva do outro, criam um estado de angústia que o riso alivia insuficientemente. A plateia respira a angústia de seu triste herói.

Bruno, como personagem, propõe uma série de problemas. Feliz até o transbordamento, seu amor se transforma em ciúme na primeira oportunidade que tem para isso. Ciúme da possibilidade de Stella amar outro, vir a amar outro.

E o ciúme tem caminhos que ninguém sabe; o fantasma desse personagem, que poderá ser amado pela sua ausência, fá-lo encarnar o enamorado diferente, o desconhecido, que, igualmente, irá dormir com ela, para assim ser desprestigiado na mesma vulgaridade geral. Mas dessa vez possuída por um sentimento diferente, Stella sente que começa a amar alguém que não é Bruno. Não importa que este alguém tenha o corpo do próprio Bruno e ela se regozije ao reconhecer a farça; afinal Stella traiu seu marido, embora com ele mesmo. Inverso de Alcmena, o problema de Stella consiste em ter amado outro corpo de seu marido, coisa que, parece, acontece frequentemente fora da farça. E o marido, no desespero de eliminar o *outro* possível, chega ao descontrole de pretender substituir este outro. Se confunde categorias, não consegue enganar a sua íntima: *cocu de si mesmo*, acaba-se perdendo nesse redemoinho de personalidades.

A farça continua. Diz-se em filosofia que ser é ser pensado e, mesmo depois do episódio anterior, a dúvida de Bruno persiste.

E ele fica certo de que a única pessoa que Stella poderá amar, ou já ama (o tempo não tem sentido dentro de sua ânsia contínua) secretamente, talvez, será aquele que não a procurou, ou então, requinte dos requintes, aquele para quem ela não quererá ceder... Para diferenciá-lo de todos os outros. E surpreendendo Stella debatendo-se nos braços de um antigo apaixonado, descobre quem era o eleito da esposa. E ela o percebe também: sua única possibilidade de paz está com esse camponês grosseiro. Escolhendo-o repentinamente, rompe o encantamento — o fantoche Bruno tomba, vítima da realidade que entra em cena como a moral em um conto.

Daí surge a extraordinária espiritualidade dessa farsa, cuja lição não é simplesmente o bom senso de Stella rompendo o enredo, mas sua notável segurança em tratar essa fábula sobre as fronteiras do amor. Se Bruno exorbita-as, presa da enormidade do *seu* prazer, na alegria infinita de *sua* Stella, se seu ser, centro de todas as atenções, vai-se pensar tão poderoso que tenha direito de anexar Stella, anulando sua vontade, seu castigo estará não como na história do rei Candaulo, em pagar com a morte a embriaguez de um momento, mas na tortura infernal da dúvida, da mais remota, e por isso mesmo ainda a mais cruel. A consciência constante e contínua da posse incompleta dessa *propriedade* atormentá-lo-á ao infinito. Aí está, ainda uma vez, a chave da subjetividade delirante que está no princípio da farsa. No amor exaltadíssimo que não encontra expressão, e que Bruno acena do alto do braço, como o menino o brinquedo que ganhou, Stella não é mais o fim — talvez seja a causa, mas Bruno já a esquece. Essa violentação constante da pessoa de Stella não lhe permite compreender que esse satélite tenha vontade própria. Como bom senhor de suas coisas, resolve determinar essa liberdade que lhe escapa. Como no plano anedótico em que estamos, a traição conjugal é que pode representar mais convincente e laconicamente a não dependência, Bruno gava-lhe de amantes como se gavam gansos na Provença: para lhes tirar o fígado. Não lhe vai perdoar a possibilidade da simpatia platônica, consequente ao desgosto crescente da ligação sexual — arremedo grosseiro de amor. E estabelecia assim, imediatamente, a superioridade incontestável do espírito, colocando neste, pelo menos, a sede dessa liberdade que Bruno jamais conseguirá dominar.

Daqui a segunda lição de *Le Cocu magnifique*. A colocação dos dois planos — o espiritual e o carnal — que Bruno opõe entre eles, degradando o segundo e pretendendo controlar o primeiro, é ainda fruto do sentido de apropriação indevida que caracteriza seu personagem. Mas, ao mesmo tempo, insensivelmente, Bruno estabelece uma hierarquia de valor entre esses dois planos, da mesma forma que, dentro dessa inversão geral de sentidos, é ainda uma hierarquia de valor seu ciúme passar do plano normal para atingir a possibilidade platônica. Não nos parece um simples acidente a colocação da superioridade do plano espiritual sobre o carnal: o próprio plano da absorção da personalidade de Stella por Bruno, que consegue anular a carne e sucumbe tentando dominar o espírito, o esclarece suficientemente.

O terceiro ponto colocado na peça de Crommelynck é de quanto o homem é ainda equívoco para si mesmo. Propondo-se à sua mulher como amante inédito e sugestivo, até quando Bruno ter-se-á deixado levar por seu personagem, no desejo de fugir a si próprio, de libertar-se da condição em que se afogara? A mim me parece este o trecho mais belo e mais desesperado de toda a peça, e dele deve provir sua outra versão que termina com o resgate final do amor dos dois. Bruno, cansado do papel de inquisidor, embora vá tudo perder dentro em pouco, deixa-se levar pelo encanto de sua mulher, e tenta conquistá-la de novo, numa espécie impossível de resgate a todas humilhações que causou. Valorização do outro lado, pois Bruno está outra vez suspenso ao consentimento de Stella, que ele implora (e um demônio dentro dele escuta e se contorce de tanto rir, embora um pouco confundido); está outra vez decidindo a vida como no tempo de namorados. Essa valorização episódica do *outro* (que na versão da farça que termina bem, a de sua edição inglesa, equivalerá a uma conversão do "estranho" no marido, um marido diferente de antes), essa abdicação que Bruno consuma em favor dessa mulher a que se está propondo como amante é o último ponto afirmativo do amor imenso, que, pelas suas próprias dimensões, perdeu seu sentido. Não mais a violentada, Stella, do alto do balcão, outra vez é a princesa, Julieta, Mélisande, mas Bruno superará dentro em pouco tal sentimentalismo. Quando penetra pela janela, ou pouco depois, já será o marido traído, odioso e ultrajado. Mas esse outro lado da história, e é Crommelynck quem no-lo fornece, continua dúbio para os mais atentos: traindo-se, tornando-se corno, Bruno lançava-se fora de sua prisão com todo ímpeto. Para resgatar sua usurpação, ele vai se humilhar no ponto em que é mais sensível; mas o merece. *Cocu magnifique* que não conseguiria se libertar, porém tentara, reconhecendo outra vez, por um instante, o amor de que enlouquecera. Mas tudo isto não passa da história de um simples fantoche. Que, dentro em pouco, prisioneiro de si mesmo, há de cair dobrado em dois sobre o corrimão.

1954

O bestiário fabuloso de Jorge Luis Borges

Um manual de zoologia fantástica era mesmo tarefa para alguém do porte de Jorge Luis Borges, esse escritor ainda pouco conhecido no Brasil e que é um dos maiores poetas do seu tempo. Poeta que se realizou, principalmente, na prosa, ficando célebre por seus contos e ensaios, o mundo do poeta Borges — ecumênico, eruditíssimo, intoxicado mesmo por uma cultura vivida até a exaustão — forma uma ilha perfeitamente definida dentro do panorama literário não só do seu país, mas de toda a América. Nele se cruzam fabulários de diversas nações, e se o autor se empenhou em criar uma mitologia propriamente portenha — não saberia dizer com que resultado — alcançou absoluto êxito numa terra aparentemente de ninguém: falou em espanhol a língua de seu tempo, e de Buenos Aires, cidade indecisa entre seus dois destinos, o crioulo e o europeu, tomou o pulso do mundo.

Escritor cujo estilo límpido traduz uma obra compósita, realizada em vários planos, a interessada curiosidade de Jorge Luis Borges abarca tempo e eternidade — todos os tempos, todas as eternidades. As histórias reunidas em *Ficciones* e *El Aleph*, os ensaios de *Historia de la eternidad*, das duas séries de *Inquisiciones* e de *Discusión*, o estudo sobre Evaristo Carriego, os *Poemas* — para citar apenas algumas das obras mais significativas — trazem em si um tal poder de sugestão que, trabalho de inventor ou de erudito, abrem idênticas perspectivas para a investigação e o sonho. "Meus sonhos são como a vossa vigília", declara um dos seus personagens, herói de mundo vertiginoso em que nada é esquecido, naquele conto que o autor chamou de comprida fábula sobre a insônia. Moralista a seu jeito (a inquietação de Lope no espírito de Montaigne), a múltipla personalidade do escritor argentino não parece repelir a aproximação de vida e sonho, e de um sonho mais propriamente pesadelo. Na verdade, podia ele dizer com o nosso poeta — sou trezentos, e assombrado.

Uma compilação, uma gentil antologia dessas assombrações e desses fantasmas, sempre amáveis numa heráldica, constitui o *Manual de zoologia fantástica* que o contista de "La muerte y la brújula" (que é também o professor de *Antigas literaturas germânicas*) teve a pachorra de organizar. Esses exercícios de prosa descritiva, de certo modo paralelos ao ensaio de prosa narrativa da sua cruel e risonha *Historia universal de la infamia*, compõem um fichário transfigurado, verdadeiro instrumento de trabalho do autor, que codificou, para facilitar a sua e a nossa consulta, essa fauna assombrosa que ele não permitiu — salvo exceções irresistíveis — ingressar nos livros dele. Para o leitor apaixonado de Borges são abundantes aqui as referências que podem aproveitar ao estudo da sua obra. Poder-se-ia mesmo esboçar um esquema do processo de aproximação, escolha e futura reelaboração, dos símbolos que funcionam nos escritos do autor — primeiro passo para um roteiro das suas preferências nesse campo.

Com o auxílio de Margarita Guerrero, já sua colaboradora no ensaio *El Martín Fierro* da coleção Esquemas (1943), o Breviário 125 do Fondo de Cultura do México inclui a melhor parte do jardim zoológico das mitologias, "jardim cuja fauna não é de leões, mas de esfinges, grifos e centauros". Esse repertório, desmesurado embora finito, sem outro limite além de "el hastío o el asco", é no entanto mais pobre que a zoologia de Deus e estéril pela própria natureza. Bosch, Brueghel e Dürer, para tirar apenas três aficionados do saco de espantos da pintura, acabam por fatigar com o limitado horror dos seus monstros; nem de longe inspiram o absoluto desespero que em pessoas sensíveis causa uma imprevista e doméstica barata, bicho barroco que conosco divide cotidiano, casa e mesa. Flaubert, aparentemente modesto, acabou por tomar partido da última, depois de realizar o mural da *Tentação* — tema cheio de monstros que mereceu de Grünewald apenas uma das abas do *políptico* de Isenheim.

Pouco importa; o homem não resiste aos seus ídolos, que sabidamente transforma em símbolos para deles não se desfazer. Disto é prova a centena de exemplos que Borges coligiu no *Manual*, provenientes das mais diversas fontes. Flaubert (o do *Santo Antão*) e Plínio, Hesíodo e Wang Ta-Hai, Virgílio e Kafka, C. S. Lewis e Félix Coluccio, além de Homero, sir John de Mandeville, o profeta Ezequiel, *La Légende Dorée*, Ovídio, Dante, Rudolf Steiner e vinte outros aí estão representados, sem esquecer os livros sagrados do Oriente e os armoriais do Ocidente. Colocados numa ordem alfabética complacente, que vacila com o autor em algumas nomenclaturas vagas ("*animales metafísicos*", "*animales esféricos*", "*animal soñado por C. S. Lewis*"), o senso de humor que envolve esse livro de discreta erudição apenas disfarça o contentamento do antologista que descobriu o conjunto e o pormenor de semelhante fauna.

Museu a seu jeito, segundo a definição do próprio Borges, este não poderia deixar de ser também quieto, monstruoso, classificado... Como não? O bestiário é quase sempre atroz e, lado a lado, página após página — vamos e voltamos para nos certificarmos com exatidão da cor das penas do pássaro roca, do número das cabeças e caudas da hidra —, jaula após jaula, visitamos os animais em cuja invenção o homem macaqueou o primeiro imaginário. Durante tal revista descobrimos mesmo que um dos componentes desse inédito museu Grévin foi moldado morto: trata-se do estranho ser de que nos dá notícia Arthur Gordon Pym à página 24, e foi içado a bordo perto das ilhas antárticas, junto com um galho de frutos avermelhados. Borges, transcrevendo-o de Poe, comenta secamente que embora fantástico, tal qual tinha sido descrito, esse era um animal possível. O leitor filósofo de que falava Virginia Woolf tome o pião na unha e prossiga a perspectiva imprevista, que pode levar longe o passeador solitário.

Mas vamos pela ordem. Do *AB* ao *AQu*, esse animal sensível ao valor das almas humanas que desde o princípio do mundo vive na Torre da Vitória, em Chitor, dele ao Zaratán dos cosmógrafos árabes do século XIII (que em português escreveríamos Çaratã, mudando o seu lugar na ordem alfabética da tradução), passando pela anfibesna, pelo baamute, pelo basilisco, pelo catóblepa, pelo centauro, pelo dragão (ocidental e chinês), pela esfinge, pela fênix, pela hidra, pela mandrágora, pela quimera (naturalmente), pela sereia, pelo unicórnio — a todos eles Borges acaricia, passando preguiçosamente a mão complacente do dono, como se fosse o Léautaud desses pobres animais desamparados, que recolheu na chuva. Com a sua fina erudição, o poeta de *Fervor de Buenos Aires* tenta tornar ainda mais atraente um texto já de si cheio de agrado, transcrevendo em diversos pontos Quevedo, Góngora e *As mil e uma noites*, como se necessário fosse reforçar a existência literária dessas criaturas esquecidas.

Apesar da enumeração de acima, deixo para o fim os monstros pelos quais optou minha preferência pessoal. Uma simples enumeração assustada não me parece suficiente para esses eleitos. Quero referir-me, por exemplo, aos animais dos espelhos, que invadiram a Terra ao tempo do Imperador Amarelo. Não fora esse poderoso rei mago, de que Fu Manchu é uma proposital contrafação, nosso mundo teria desaparecido. O Imperador Amarelo dominou com sua arte os intrusos e os obrigou à implacável pena de nos servirem, a cada um de nós, do limiar do seu reino, como se apenas fossem sombras dos nossos menores gestos. Consta, porém, que um dia eles se libertarão do encantamento e outra vez invadirão o mundo, rompendo o muro de vidro que nos separa. Antes da invasão, "*oiremos desde el fondo de los espejos el rumor de las armas*".

Animais esféricos chamou Borges, *d'après* Platão (*Leis*, 898), às estrelas, aos planetas e à própria Terra em que pisamos. A Renascença, palpitante de um platonismo ao mesmo tempo mundano e conventual, usou da ideia sem timidez. Vanini glosou-a generosamente, Marsílio Ficino falou dos cabelos, ossos e dentes da Terra, e o grande Giordano Bruno "*sintió que los planetas eran grandes animales tranquilos, de sangre caliente*". Kepler e Robert Fludd, o ocultista, no século XVIII, assim como Fechner no século XIX, não deixaram de pensar nessa ideia; Fechner disse mesmo que a figura esférica da Terra era a mesma do olho humano, indicação que não escapou a Magritte quando pintou, em 1930, seu quadro *L'Oeil*. E tanto vai ela e volta que um de nossos poetas novos, Octavio Mora, a redescobre em belos versos do volume *Ausência viva*:

> *Galopa a terra — desordena a crina*
> *Toda de árvores, e um hálito de vento*
> *Percorre seu pescoço de colina...*

Não nos esqueçamos também da estátua de mármore de Condillac, que renasce outra vez com esse escritor, nem dos animais sonhados por C. S. Lewis, autor do misterioso *Perelandra* que ele nos revela. Nem do Cem-Cabeças — *karma* — de um brâmane orgulhoso; dos cervos celestiais, cujo nome irônico não os faz supor prisioneiros do seio da terra; do nesnás, primo do nosso saci, que tem somente a metade do corpo e meio coração; do simurg, o pássaro que se aninha na árvore da ciência e que o leitor de Borges já conhece do seu ensaio (ou *ficción*?) "El acercamiento a Almotásim"; do squonk, da Pensilvânia, que ao se assustar se desfaz em lágrimas; ou dos quatro tigres cardeais do Anam.

Como quem não faz livros e se apraz em aumentar o dos outros, não posso deixar de me lembrar, ao arbitrário sabor da memória, duns assombramentos e bestas-feras do nosso folclore e da minha infância, além dessa e de outra engenhoca registada em livros mais à mão. Mesmo sem me referir ao volume que sobre a matéria possui Afonso Taunay (que recolheu seu material dos cronistas e viajantes que nos visitaram nos séculos XVI e XVII), ocorre-me logo a mula-sem-cabeça-botando-fogo-pelas-ventas, que tanto entusiasmava a Marquesa de Rabicó, e pode ser aqui incluída, abstraindo-se a sua condição — penitencial — de comborça de padre (estão excluídos do livro os casos de transformação do homem em outra espécie): afinal uma égua sem cabeça vale pelo menos tanto quanto um asno de três patas. Podia lembrar também a Mãe-do-Ouro, não a ninfa de porcelana do meu conterrâneo Joaquim Felício dos Santos — que num conto romântico de 1863 imagina-a desnuda sob o luar, penteando os soltos cabelos louros —, mas a versão recolhida por Câmara Cascudo no *Dicionário do folclore brasileiro*: mulher sem cabeça no Paraná, bola de fogo de ouro em São Paulo, passeando luminosa pelos ares, mas vivendo debaixo d'água. Ou a boiuna, a mboitatá, a mboiaçu pertencentes à temível geração descomunal das serpentes fantásticas.

Não podemos compreender também por que razão os compiladores não incluíram no *Manual* o terrível monstro da 570ª das *Mil e uma noites*, do qual Borges acusa Mardrus, num luminoso ensaio sobre os tradutores daquele livro, ter *sans façons* arrancado as unhas de bronze.

Lembremos também, para ser juntada à espécie alarmante dos animais de pedra e lata, Hédaly, a *Eva futura*, do último grande Villiers de L'Isle Adam, que tenho aqui à mão em "*obscena edición de lujo*" do Club du Meilleur Livre. Com seu mecanismo interior de dentadas rodas de relógio, podia ser anexada à lista que, página 139, precede ao Talos, o guarda metálico de Creta, uma das muitas invenções de Dédalo, pai de Ícaro. E ainda o ximu de Al Capp, o criador de Li'l Abner das histórias em quadrinhos, esse animal evangélico cujo fim natural é se oferecer em holocausto a quem tem fome, e faz hoje parte integrante da fauna risonha dos Estados Unidos. E também a fauna terrível de um outro argentino, Manuel Graña Etcheverry, o eruditíssimo arqueólogo da perdida Hedália: como esquecer as anaxitas, vacas carnívoras, tremendas, e os popantes, "*aves pesadas y corpulentas, de patas muy musculosas, que atacaban con gran ferocidad y fuerza a patadas y aletazos*"?

Além disso, uma próxima edição do *Manual* não pode deixar de incluir a estranha piaba de que me falou a poeta Lélia Coelho Frota, meio peixe e meio revista, cuja graça líquida é sem dúvida muito mais estranha que o próprio myirmecoleon, metade leão, metade formiga. Um pescador dos arredores da mineira e progressista cidade de Varginha (de onde é originária a família da informante) conseguiu fisgá-la num domingo glorioso, mas entre atônito e espavorido devolveu-a ao riacho. Embora não tivesse podido, na sua inenarrável surpresa, folhear a "parte revista" da piaba, como seria desejável, declarou ele, em notícia glosada pela imprensa local, que o texto impresso é muito legível e está num papel encorpado. Preso pelo anzol, debatendo-se ansiosamente, o peixe impresso produzia o rumor característico das folhas de um livro continuamente aberto e fechado com violência; conservava-se muito bem dentro d'água a tinta das páginas. Não é a primeira vez que aparece, e conserva a tradição, informada pelo poeta Múcio Teixeira, antigo pensionista de São Cristóvão, que o imperador Pedro II cuidava com acendrado zelo de um desses *pisces incunabulus* (Linn.), oferecido a sua majestade, em 1879, por uma sociedade literária da província do Maranhão. Desse exemplar não se teve mais notícia desde a proclamação da República e o progressivo abandono em que caiu a Quinta Imperial. Quer outra versão, infelizmente não confirmada, aliás, que algum adesista do novo regime, por pura paixão política, tenha dado fim à raridade zoológica, pensando assim demonstrar zelo às instituições recém-inauguradas. Mas fiquemos por aqui. Naturalmente essas "contribuições", conforme já se declarou, não atendem senão impertinentemente à fantasia e à memória de um leitor afoito.

Não sei se já estarei discrepando quando anoto, para finalizar, que as ilustrações do livro (exceção de duas ou três, inclusive o catóblepa da capa) foram propositalmente distribuídas de maneira caótica pelo volume: a meu ver, trata-se de uma experiência do autor, que, duvidando da eficácia da sua descrição, põe à prova o leitor. Seria, quem sabe, um convite tácito para que este escrevesse a lápis, embaixo de cada um desses monstros, o nome que lhe corresponde — tácita confirmação de que o autor foi convincente.

Tal pode ser o desafio do comovido zoólogo fantástico Jorge Luis Borges, que nessa fauna tão eloquente reencontra alguns dos melhores *pretextos* da sua obra. Porque está presente, nesse livro aparentemente fútil e sem maior consequência, o escritor de imaginação ardente, bom leitor, e seguro, das principais literaturas do mundo que, numa compilação das invenções alheias, revela-se (confirma-se) insuperável inventor.

1958

No Rio, com Clarice Lispector

Entre mar e morro, o bairro do Leme — na verdade, o trecho inicial da praia de Copacabana — é o único recanto recolhido do mais célebre aglomerado urbano do Rio de Janeiro. Aí, numa ensombrada rua interior, junto à montanha íngreme que, já no meio da tarde, a defende do sol, do mesmo lado que o modesto Convento dos Dominicanos — um aglomerado de construções amarelas, igreja à frente, que interrompe a muralha dos edifícios —, aí mora Clarice Lispector, um dos cinco maiores nomes da moderna ficção brasileira. O apartamento fica num terceiro andar e consegue ver, de viés, um pedaço de praia, e isto graças à rua que desemboca frente ao prédio; simpático, acolhedor, os quadros e os livros da escritora nele se arrumam do modo mais agradável, e entre eles, ainda que de pequenas dimensões (dir-se-ia uma miniatura ampliada algumas vezes), sobressai o belo retrato de Lispector pintado por De Chirico.

O rosto bem moldado da romancista, que o ruivo dos cabelos longos dá uma nota ondulante indefinível, respira uma calma tensa. Fala com a graça de um pequeno defeito de dicção, que à primeira vista parece sotaque estrangeiro, mas não perdeu nada da entonação pernambucana da frase, que de tanto em tanto aflora ao sabor da conversa. Guardou também, da província de sua primeira adolescência, o modo franco e direto do diálogo, coisa que o refinamento e a experiência do mundo diplomático em que tem vivido só conseguiram aumentar o encanto.

Autora de quatro romances e de uma coletânea de contos, a romancista de *O lustre* constitui, sob todos os aspectos, um caso à parte na literatura brasileira. Biografia e obra, personalidade e estilo, linguagem e técnica tomam no seu caso, do modo mais discreto, dimensão totalmente pessoal. Tendo nascido na Europa Oriental, próximo ao mar Negro — sua família demandava Odessa, de onde em caráter definitivo devia partir para o Brasil; tendo vivido muito tempo no estrangeiro, mercê do seu casamento com um diplomata do Itamarati, foi em contato com o Brasil, e ao impregnar-se totalmente da maneira de ser brasileira que a autora de *Perto do coração selvagem* definiu uma das mais profundas e sérias obras de criação realizadas em língua portuguesa. Sem dúvida, tal obra nada tem de propriamente anedótico, no sentido tradicional do romance de usos e costumes. E se na verdade ela apenas se propõe numa dimensão supranacional, porque pesquisa em profundidade, está no entanto condicionada, no detalhe e no todo, por uma respiração que não será difícil reconhecer, mesmo nos seus momentos mais "desligados", como expressionalmente nacional. Isto ainda quando esse aspecto se enriqueça e se beneficie de toda uma gama de possibilidades proporcionada pela experiência subjetiva — a longo prazo: familiar, subconsciente, genética — da escritora.

Mas não será este, contudo, o aspecto que mais importa na sua obra. No momento mesmo em que a propósito dela são separados alguns estudos universitários,[1] prova provada do reconhecimento que merece a sua produção no conjunto das letras brasileiras, não é possível limitar, com critérios parciais, a poderosa transposição artística realizada pela escritora. Transposição artística que traduz nada menos do que uma hiperconsciência da vida consciente, e procura captar todas as variações da sua infinita série de possibilidades, os infinitos momentos transitórios, momentos "de passagem", e que afinal são os decisivos, na vida do homem. Essa ânsia de apreender o fugidio, num momento em que, colocado em ação dramática, se realiza através da ficção, caracteriza muito mais do que qualquer outra coisa essa obra que, conscientemente, põe o seu acento no cambiante, na graduação, no nuançamento. Toda ela foi construída em torno dessa espécie de vertigem imóvel, e daí a notável unidade que a caracteriza. Como exprimir tudo isso é quase impossível sem ar de dissertação e a autora é discreta e muito dotada de senso crítico, só depois de algum tempo, instada pelo repórter, acede a falar sobre seus livros.

— Escrevi *Perto do coração selvagem* — diz ela, depois que a conversa foi dirigida resolutamente para esse lado — de março a novembro de 1942, mas o livro só foi publicado em 1944. Já em março de 1943 havia eu começado um segundo romance, *O lustre*, que em novembro do ano seguinte concluí em Nápoles, posto no qual, então, servia meu marido. Só dois anos mais tarde, do mesmo modo que acontecera com o *Coração selvagem*, é que *O lustre* foi publicado no Rio. Já então, dentro da norma de vida

---

1. Entre outros, o de José Américo Mota Peçanha, assistente de história da filosofia da Universidade do Brasil (Rio de Janeiro), que tenta definir a grande vertente inacionalista e a presença do mito na autora de *O lustre*, e o de Ivana Versiani, assistente de literatura brasileira da Faculdade de Filosofia da Universidade de Minas Gerais (Belo Horizonte), sobre aspectos da ficção de Lispector.

errante dos diplomatas de carreira, me encontrava em Berna, rascunhando uma terceira novela: a futura *Cidade sitiada*, da qual dei o original por concluído em maio de 1948. Neste último ano tentei pela primeira vez experiência diferente de ficção, e que me tentava como uma disciplina: a história curta. Escrevi então "Mistério em São Cristóvão", "Laços de família" (que daria o nome da coletânea de contos publicada depois), a primeira versão do "Crime do professor de matemática" e mais uns dois ou três. Em 1949, quando ainda estava às voltas com eles, publicava-se *Cidade sitiada*; mais ou menos um ano depois, voltando ao Brasil, deixei, no Serviço de Documentação do — ainda — Ministério da Educação de Saúde, a seleção que integrou *Alguns contos*, aparecida (em 1952) na série dos "Cadernos de Cultura".

Por coincidência, sempre no estrangeiro quando do lançamento dos seus livros, Clarice não pôde presenciar — senão agora muito recentemente, quando já se haviam popularizado os contatos regulares entre o público e autores, nas chamadas "tardes de autógrafo" — o prestígio que a sua obra alcançou desde o primeiro momento, empolgando a crítica, o mundo literário e a parte mais atenta dos leitores comuns. "Expressão brasileira da família dos grandes escritores universais", sintetizara Tristão de Ataíde, decano da crítica de categoria e que sempre se manteve a par dos nomes novos que realmente importavam em nossa evolução literária. A ausente, tendo notícias do seu crescente prestígio através de cartas e recortes enviados pelos amigos que estavam na terra, mantinha-se distante e quase, poder-se-ia dizer, ignorava o seu êxito no país de origem. Logo depois, indicado pelo poeta Paulo Mendes Campos (que o apresentou), sai em Paris, pela Plon, em tradução de D. T. Moutonnier, *Près du Coeur sauvage*.

— Em 1951 estávamos na Inglaterra: aí, ao mesmo tempo que compunha outras narrativas, incluídas no volume de *Laços de família*, tomava as primeiras notas para um novo romance,

Veia no pulso, que eu viria a escrever de maneira definitiva já em Washington, em 1953-4. Neste último ano, é editada a tradução francesa do meu primeiro livro.

Substituído por *Maçã no escuro*, o título primitivo, o novo romance era revisto pela autora ao mesmo tempo que ela escrevia mais histórias curtas. Estas seriam enfeixadas (incluindo as anteriormente impressas no voluminho *Alguns contos*, de restrita circulação) em *Laços de família*, lançado no ano passado. Do ponto de vista criativo, as doze histórias desse livro constituem, fora de dúvida, o mais importante livro de contos publicado no Brasil desde *Sagarana*, de João Guimarães Rosa, saído do prelo em 1946; o êxito foi tão completo que ele já se encontra esgotado a menos de um ano do lançamento. Seu último romance, *Maçã no escuro*, apesar do preço absurdo — Cr$ 980,00 — com que foi posto à venda em julho do corrente 1961, vai pelo mesmo caminho.

Escritora cujos livros eram considerados "difíceis" até há bem pouco, é atualmente garantido sucesso de livraria, coisa que, diz, lhe deixa um pouco constrangida, "talvez pela falta de costume", comenta com humor.

— É das mais curiosas sensações sentir que se está *na moda*. No primeiro momento, alarmei-me a sério, mas um amigo pintor explicou-me, rindo, que o jeito era não ligar ou fazer para a gente mesma que não ligava: acabava não ligando de verdade, e todos aqueles olhos não incomodavam mais, era como se fosse para alguém outro.

E uma pergunta, típica da falta de assunto dos repórteres, sobre o gênero que prefere:

— Creio que me realizarei sempre mais integralmente no romance. Este me oferece, muito mais do que o conto, campo para aquilo que me interessa exprimir. A história curta apresenta melhores condições para a manufatura do autor, que aí pode chegar até o virtuosismo, sem maior prejuízo do conteúdo. Mas para mim, em particular, creio realizar-me melhor dentro do contorno largo do romance. E isso de um modo tal que quando penso no futuro, não me imagino nunca como autora de contos, e sim de outras longas novelas. Coisas que, decerto, não há de me impedir, como aliás não me impediu, que tal produção no gênero se encerre com *Laços de família*. É bem provável venha a publicar algum outro volume de histórias reunidas, mesmo porque não enfeixei todas naquele livro. "Legião estrangeira", por exemplo, publicada na revista *Senhor* em fevereiro deste ano (mas rabiscada em outubro de 1960 sobre anotações ainda dos Estados Unidos), é uma delas. Penso ainda em escrever uma versão que me satisfaça mais integralmente do "Crime do professor de matemática"; a que foi publicada no livro é a terceira, mas não é ainda o que quero. Mas para que dizer "desta água não beberei"?

Chegam do colégio os dois filhos da escritora, meninos de dez e sete anos, preocupados com os problemas muito diferentes (*happy few!*) dos literários, e assim damos por encerrada a rápida entrevista com a autora de *Perto do coração selvagem*.

1961

Música & teatro

Quase ao mesmo tempo que se realizava na cidade alemã de Gelsenkirschen a estreia, na Europa, das obras de música barroca setecentista, que Francisco Curt Lange descobriu (e restaurou) em Minas Gerais, era publicada em Belo Horizonte, pela editora Bernardo Álvares, a curiosa monografia de José Seixas Sobrinho *O teatro em Sabará: Da Colônia à República*.

Crônica dos fastos cênicos da velha Vila Real de Nossa Senhora da Conceição do Sabará, interessa de modo especial, no trabalho, a parte atinente às funções coloniais que, com o mesmo espírito, se prolongam até o fim do Primeiro Reinado, promovidos pelo Senado da Câmara. O estudo de Seixas Sobrinho, que segue as pegadas do modelar *Teatro de província* de José Teixeira Neves, e a *História do teatro na Bahia*, de Afonso Rui; continua dessa forma o importante levantamento de uma atividade social que teve importância decisiva nos costumes do país.

Concerto e monografia combinados vêm nos lembrar que, numa sociedade colonial do tipo mineiro — em que o fascínio pela música atingiu o ponto de produzir compositores do tope de Emerico Lobo de Mesquita e seus epígonos —, seria de muito proveito pesquisar as relações que teriam mantido esses compositores com os poetas eruditos seus contemporâneos. Estes, conforme sabemos, compuseram ou verteram para o português alguns "dramas para serem recitados em música".

Cláudio Manuel da Costa e Alvarenga Peixoto, para citar apenas dois nomes maiores, interessavam-se pelo gênero, arrolando entre as suas obras peças originais e traduções de Maffei e Metastasio. Se este último, na corte filarmônica de Viena, dispunha de um Vivaldi para compor a partitura dos seus textos, porque, mutatis mutandis, seus imitadores da "Weimar sertaneja" não iriam, por sua vez, tentar o aliciamento dos compositores de maior nomeada ali, para as funções de que participariam como autores na Casa da Ópera? Na relação dos trabalhos de sua lavra enviada à Academia dos Esquecidos, da Cidade do Salvador, Cláudio fazia uma referência vaga a alguns dramas que compôs "geralmente representados nesta Capitania"; até o momento só se conhece um deles, a desbotada fantasia áulica *O parnaso obsequioso*, cantado e recitado em palácio diante do capitão-general Conde de Valadares.

Qual teria sido, na realidade, o contato mantido entre os poetas de "sangue limpo" e os músicos modestos das confrarias de pardos? Qual o sentido dessa colaboração entre artistas de ordem e estado tão diferentes, dentro do campo comum da arte? De que modo essas relações teriam influído ambas as partes? Eis aí algumas questões de amplo interesse cultural, à procura de um pesquisador atilado.

1962

Um ficcionista portenho

A obra de Bernardo Kordon toda ela gira, em última instância, à roda de Buenos Aires. Não que todos os seus livros e narrativas tenham como cenário a capital argentina; muitos deles, ao contrário, são relatos de viagem ao estrangeiro (como *600 millones y uno*, de 1958) e se desenrolam em países diferentes (*Muerte en el valle*, 1943; *Macumba*, 1939). Mas, ao mesmo tempo que uma autêntica vocação deambulatória fazia com que ele chamasse a si próprio, na metáfora que dá título a um de seus livros, *Vagabundo en Tombuctu* — isto é, vadio em todos os lugares e em lugar algum —, a obra de Kordon toma sentido e se realiza integralmente no seu centro secreto: Buenos Aires.

A atmosfera de Buenos Aires, o jeito de Buenos Aires, a gente de Buenos Aires interessam de modo fundamental ao autor de *Una región perdida*. Desse modo, *Un horizonte de cemento, Reina del Plata, De ahora en adelante, Alias Gardelito, Domingo en el río*, romances e contos de diferentes épocas, pretendem retratar de um modo direto, minucioso e sarcástico esse universo urbano.

Através da invenção nada mitológica da sua cidade, justifica-se e toma sentido o posterior conhecimento do mundo que o escritor empreende; Buenos Aires será então a chave subjetiva que Kordon há de usar para, com "olhos argentinos", descobrir o velho mundo sem porteira. Qualquer regionalismo provinciano ter-lhe-ia impedido de saborear a paisagem do resto do planeta; foi preciso toda a sua finura para experimentar, como experimentou, a aventura do despaisamento e da solidão, os últimos desencantados avatares do exotismo. O resultado foi um másculo reencontro com a universalidade do homem, debaixo das suas mais diversas aparências.

Assim a vadiagem desse viajante "sentimental" (no sentido de Sterne), instável cidadão de Tombuctu, burgo de miragem, traduz uma plena aceitação do gênero humano, além de sua mera aparência pitoresca. Aceitação realista, cuja larga fraternidade prescinde de qualquer ternura barata e confia num mundo que pode ser aperfeiçoado.

Porque o mundo inteiro é a mesma cidade, que para Bernardo Kordon se chamou no princípio e se chamará no fim Buenos Aires.

1962

Guignard, o manso

Nada mais justificável do que falar numa vocação mozartiana de Guignard: clareza, finura, precisão, suavidade, argúcia, são constantes da sua obra. Monstro de delicadeza, cultivava uns poucos mitos escolhidos; mesmo no mais sério era, como se diz por aí, lúdico. (Pode ser mesmo que seja esse o aspecto fundamental da sua invenção, fio invisível ligando o modo de ser primeiro da personalidade dele.) Daí um pudor instintivo levá-lo a transformar tudo aquilo que na sua obra seria pungente, e por isso talvez incômodo, em atmosferas encantatórias e em secreto humorismo sem rótulo nenhum. Quem sabe por esse motivo escondia-se num fantasiar cidades e mais terras, e gente, santo, planta, como que disfarçando: às vezes ficava só o nome escuro, "Beco da Sombra"; ou era o balão incendiando-se na tarde luminosa, enquanto que fogos, margaridas altíssimas, queimavam-se em torno de minúsculas igrejas mineiras numa baixada de sonho, terra e céu confundidos.

Incisivo muitas vezes, nunca foi veemente, nem mesmo nos quadros que coruscavam. O leite forte do expressionismo, que bebeu na fonte germânica, passou nele pelas mais diversas metamorfoses. Espírito aberto ao contato direto com as coisas, fora preservado por aquilo que Bernanos gostava de chamar de o gênio da infância. Interiormente disponível, era, contudo, de rara coerência íntima. Mantinha com a arte o mesmo compromisso que se pode ter com os jogos de armar; enfarava-se deles e a eles voltava com o mesmo ímpeto. Como um menino, a sua intuição certeira das pessoas fazia-o muitas vezes um retratista de gênio; em outras, não menos numerosas, compunha variações livres sobre o modelo, que acabava por se reconhecer naquele espelho baço.

A excelente formação, de velha escola europeia tradicional (Munique, Florença), garantia-lhe esse cultivo seguro e cândido da sua horta; dela saíam girassóis, parques municipais, naturezas-mortas; nela conseguiu fazer crescer o milagroso verde-sabará, infalível para a melancolia. Em fase que foi redescoberta do Brasil, e mais tarde esforço de renovação voltando a si mesmo, fez-se de lambe-lambe de praça, a "fotografar" famílias modestas, fuzileiros e operários. Esse folclore domingueiro desabrochou nas iluminadas "Noites de São João", que afinal simbolizam o seu trabalho, todo ele ascensão numa noite clareada pelas janelas e pelos balões acesos. Daí avançará para um paisagismo mineiro, cuja atmosfera tanto interior como exterior soube interpretar melhor do que ninguém. E calvários, mártires, mater-dolorosas do mesmo roxo das quaresmeiras da estrada são compensados pela *florzinha* que o pintor alumia ora nuns armários mágicos, ora ali mesmo ao pé da tragédia, de modo a compensar o equilíbrio do seu eterno solo de flauta. O resultado é o surpreendente e melancólico *humour* que banha tudo o que faz com uma graça apenas dele.

Alberto da Veiga Guignard — de Nova Friburgo a Ouro Preto, pelo seu caminho fora — um manso daqueles de que fala a Bíblia. Com uma enorme vantagem: se teve desde o princípio o

Reino dos Céus garantido por um número deveras escandaloso de pistolões (são João, são Benedito, são Sebastião mais o próprio são Bom Jesus com a santa Virgem ao lado), também possuiu com todas as suas cores e com todas as suas formas o matizado, o flamante, o ilusório Principado da Terra.

1962

Carroll revisto por Faulkner

Em *A visita da velha senhora*, de Friedrich Dürrenmatt, há dois personagens grotescos, sub-homens um pouco no gênero dos mansos Eloys da *Máquina do tempo*, de Wells, que fazem parte do séquito da sra. Zahanassian. Ruínas ambulantes, Koby e Loby são dois lúgubres bonecos de engonço que a protagonista faz trazer da Austrália ao arquitetar a sua entediada e caprichosa vingança. Koby e Loby haviam emigrado para esse país após terem testemunhado em falso, de certa feita, contra a sua futura "proprietária".

Esposa e depois viúva de um potentado armênio, que a torna senhora do mundo, a antiga menina pobre da cidadezinha de Güllen fá-los sumariamente cegar e castrar. Violência, aliás, sem maior significado para ela, existindo apenas na base impessoal, mecânica, eficaz, da ética do "olho por olho, dente por dente". Animais do bestiário particular de Clara Zahanassian, ela os engorda e os transporta com os mais objetos quase de estimação que compõem o seu passado: maridos, panteras, joias, o ex-juiz seu mordomo, e os gângsteres privativos dela, boas peças de Alcatraz, conseguidas por excelente preço do governo americano.

Não deixa de ser curioso pensar que essas duas sombras de Dürrenmatt não passam, numa versão livre, revista *in sound and fury* por Faulkner, da dupla Tweedledum & Tweedledee, da velha cantiga inglesa, que Alice encontra na sua excursão pelo interior do espelho. Só que os dois gêmeos carolianos (*the fat little men* que John Tenniel desenhou, fixando de modo definitivo o seu arquétipo) completam por contradição o pensamento um do outro, e na *Visita da velha senhora*, Koby e Loby repetem as mesmas palavras mutuamente, numa toada monocórdia.

Logo no primeiro diálogo com Alice, Tweedledum diz de modo muito significativo: "Se você pensa que somos bonecos de cera, trate de pagar. É sabido que bonecos de cera não são para serem olhados de graça. De jeito nenhum!". Sob o signo do cifrão (mero gag ocasional, no vitoriano) os sinistros bonecos do dramaturgo suíço-alemão são tão miseráveis e aniquilados quanto certas figuras de Faulkner. A sua completa impossibilidade de redenção atira-os para um limbo cinzento e irreal que até prescinde de todo e qualquer desespero.

Nesse mundo monstruoso, Alice avelhantou-se na sra. Zahanassian, que afinal descobre não ser outra senão a Rainha de Copas. Daí ela poder mandar cortar a cabeça de quem quiser, a torto e a direito, porque paga bem e à vista. Em dólares verdes como a esperança.

1962

Borges em inglês

Apareceram simultaneamente em inglês os dois livros de contos de Jorge Luis Borges, *Ficciones* e *El Aleph*, editados em 1962 — o primeiro, pela Groove Press, com o título original; e o segundo, pela New Directions, com o de *Labirinths*. Esse interesse repentino dos americanos em parte é fruto do estágio realizado na Universidade do Texas e das conferências proferidas em outros pontos dos Estados Unidos por esse argentino de gênio, que uma *Time* de junho de 1962 não titubeava em chamar de "*the greatest living writer in Spanish language*".

Resta saber se o público intelectualizado de língua inglesa receberá do autor de *Discusión* o mesmo impacto por ele provocado entre o de tradição neolatina. Sim, porque é preciso não esquecer que a influência da literatura americana, e em especial da inglesa, é decisiva na obra de Borges. Muito deve ele a Wells, Stevenson, Shaw, De Quincey, Chesterton, Melville e Poe, para não irmos além do século XIX. Desse modo, a simples leitura das suas ficções, algumas delas decididamente ensaísticas, poderia no primeiro instante decepcionar [o público conhecedor] daqueles numes tutelares citados acima, com a incômoda (e falaz) impressão de déjà-vu.

    Todavia também está fora de dúvida que qualquer pessoa de sensibilidade não tardaria a descobrir o viço original do escritor sul-americano. Contos como "Emma Zunz", "Las ruinas circulares", "El Sur", "La busca de Averroes", "El milagro secreto" e "El Aleph" enriqueceriam qualquer literatura, mesmo descontada a obrigatória dívida externa de sempre discutíveis modelos e influências. O que sem dúvida fica perdido para o leitor anglo-americano, pelo menos daquele que não tenha convivido in loco com as nossas elites, é um certo sutil e matizado esnobismo tipicamente ibero-americano. Esnobismo ontológico que poderíamos caracterizar como resultante daquele "complexo de inferioridade orgulhosíssimo" de que fala Mário de Andrade.

    Isto porque a nossa curiosa balança de valores das diferentes autoridades a que apelamos — francesas, inglesas, alemãs, russas, chinesas — encontra excelente, malicioso espelho na obra de Borges. Só alcançará essa dimensão da sua agudeza quem aí puder acompanhar o complexo jogo alusivo aos nossos ainda humilhados e ofendidos orgulhos nacionais: a sua expressão "meramente argentino" é uma das incômodas representações irônicas desse estado de vigília. Donde a premência do seu cosmopolismo, antítese de uma tese entranhadamente bairrista e cuja síntese realiza a universalidade aberta e compreensiva do autor de *Ficciones*.

    Através dessa universalidade, J. L. Borges ultrapassa a categoria de mero documento de sociologia cultural, sendo, como é, um escritor que soube falar a língua do seu tempo.

1963

Marienbad: uma invenção de Morel

Curiosa semelhança, que, aliás, não escapou à crítica francesa, existe entre *O ano passado em Marienbad*, o filme polêmico de Alain Resnais, com texto de Alain Robbe-Grillet, e o romance *La invención de Morel*, do argentino Adolfo Bioy Casares. Publicado em 1954 com prefácio de J. L. Borges, grande amigo do autor, e que o incluiria como figurante de uma das suas mais notáveis ficções — "Tlön, Uqbar, Orbis Tertius" —, *La invención de Morel* fora traduzida para o francês dois anos depois de aparecer em Buenos Aires.

Aproveitava-se do favor e da curiosidade que os "metafísicos argentinos", Borges à frente, começavam a fruir nos meios intelectuais europeus, na qualidade, muitos deles, de irônicos e ambíguos diletantes do tempo e da eternidade. A crítica mais atenta não deixou passar em branca nuvem esse agoniado exercício de estilo, apesar de meramente sul-americano. As resenhas de Maurice Blanchot e Michel Carrouges demonstravam pelo romance de Bioy Casares um interesse alheio a qualquer exotismo de importação.

Um perseguido político vagamente venezuelano refugia-se, febril e alucinado, numa insalubre ilha do Pacífico. Aí vem a descobrir que, ao contrário do que esperava, a ilha está habitada. Curiosos veranistas ocupam intermitentemente um luxuoso hotel abandonado; não são nada mais — saberá ele adiante — do que imagens de pessoas que Morel, cientista louco, "gravou" para a eternidade numa sua máquina infernal, destruindo nesse ato os pacientes que ele perenizava. Destarte, certa semana de vilegiatura "impressa" (ou "captada") pelo maquinismo diabólico de agora em diante repetir-se-á sem apelação até o fim dos séculos.

Nessa parcelada e insatisfatória eternidade está prisioneira a imagem de uma das excursionistas, pela qual o narrador se enamorou; embora concretamente a seu lado, ela há de o ignorar até o final dos tempos. Desesperado pelo duplo exílio irrevogável, o narrador resolve "regravar" a *semana eterna*, só que agora com a sua presença ao lado da amada impossível. Sutis interpolações, que planeja com minúcia, farão que ele comece também a pertencer à alheia eternidade. Desintegrando-se do tempo presente em favor de uma realidade que-poderia-ter-sido, ele consegue, através do acelerado eterno retorno de Morel, transformar o almejado condicional em perene, repetido, passado-presente-futuro.

Essa desintegração do tempo, ao lado do divergente paralelismo dos dois personagens centrais de *O ano passado em Marienbad*, parece estar no centro da temática tanto de Resnais como de Robbe-Grillet. A luta de M. para convencer A. a partir com ele no filme; o desencontro da perspectiva pessoal dos figurantes centrais, frisado pelas possibilidades de futuro e passado de ambos; as tentativas de colocação "objetivista" do eterno-presente-das-coisas-que-existem (estátuas, jardins, estuques, lustres etc.), resultam em imobilidade e hieratismo desejados: a superação do tempo.

Tudo isso parece demonstrar que tanto Resnais (que aparenta interessar-se mais pelo problema do esquecimento, isto é, do passado como vácuo e náusea), como Robbe-Grillet, com a sua obsessão do presente no seu aspecto dramático, urgente, de coisa-que-existe (outro aspecto do problema do tempo), lucraram não só com as experiências de densidade objectual de Francis Ponge, como também projetaram essa experiência em movimento e possibilidade — portanto em *tempo vivo*. Estamos certos que nesses últimos exercícios vertiginosos ambos devem muito aos metafísicos de Buenos Aires, que eles leram com espanto em traduções francesas.

1963

Aparência de Belo Horizonte

O amanuense sobe a ladeira que existe por detrás da sua casa para ver a cidade. "Do alto da colina contemplei Belo Horizonte que apenas despertava." O casario espalha-se em todas as direções, ocupando o quadriculado regular que forma ruas e praças. Imerso na luz da manhã, aquela paisagem urbana parece fascinante ao discreto funcionário da Seção de Fomento.

Estamos em 1935. Mesmo sem as muralhas de arranha-céus no seu centro, a capital mineira aparece a Belmiro grandiosa, "fora dos quadros singelos de Minas". O Curral del Rei dos tempos da Capitania e da Província fora devorado pela cidade nova, que por sua vez já não é o primitivo aglomerado poeirento da fundação, cheirando demais a magnólia naquelas abusivas noites de lua.

Desse tempo ainda restam muitas construções — quase todos os edifícios públicos e a maioria das primitivas residências dos funcionários. Isso apesar do gosto ter mudado muito nos últimos vinte anos e serem correntes moradas em todos pseudoestilos da moda: bangalôs, normandos, coloniais-mexicanos, e mais todos fingimentos de arquitetura que o diabo rabiscou. "Dentro das casas mora, porém, o mesmo venerável espírito de Sabarabuçu, Tejuco, Ouro Preto e outras cidades"— anota Belmiro comovido.

Mais comovido ficaria se pudesse prever estar assistindo aos últimos dias do pacato e indiscutível predomínio desse estamento burocrático que, depois de uma trajetória de dois séculos, da Vila do Carmo à Cidade de Minas, finalmente sucumbirá de inanição diante da nova ordem industrial. A cidade dos funcionários será arrasada e começará a surgir a nova metrópole.

As primeiras casas de Belo Horizonte conservavam da velha ordem colonial — atrás da superestrutura do frontispício, cenário decorado por modestos elementos art nouveau — as fachadas concebidas dentro de um mesmo espírito, alinhadas ao meio-fio, com o grande quintal ao fundo: quintal-horta-galinheiro, em geral, ou aquele território baldio onde o Eduardo Marciano de *O encontro marcado* fará as suas primeiras experiências.

Essa modesta Belo Horizonte, menos funcional que funcionária, iria merecer, antes da sua derrocada modernizante, um involuntário cronista para cada uma das suas décadas. De Avelino Fóscolo, cuja *A capital* trata dos tempos pioneiros, a Fernando Sabino, no vasto painel de *O encontro marcado*, pode-se seguir através da ficção urbana de Belo Horizonte a sua aparência. Fóscolo retrata-a, com critério naturalista, até a primeira década do século. Em narrativas de *Contos de aprendiz* e *Velórios*, Carlos Drummond de Andrade ("O sorvete") e Rodrigo M. F. de Andrade ("Iniciação") fornecem notícia dos anos próximos à Grande Guerra. Eduardo Frieiro nos seus romances citadinos (*Inquietude*, *Melancolia*; *O clube dos grafômanos*) restitui a década de 1920 na capital pacata. Os anos 1930 contam não só com João Alphonsus, contista e novelista de talento, como assistem nascer o mito decisivo do *Amanuense Belmiro*, obra que, continuando algumas das suas virtualidades em *Abdias*, tem Belo Horizonte como personagem central. Em *O encontro marcado* são focalizados os anos da ditadura e os imediatamente posteriores; é fácil perceber, entre as idas e vindas de Eduardo Marciano do Rio, que a cidade mudou e não foi apenas do ponto de vista subjetivo do personagem central.

Não tardará o romance em que a década de 1950-60 seja retratada e que encerrará a história antiga de Belo Horizonte, que não possuía ainda 1 milhão de habitantes e ensaiava timidamente um parque industrial.

1963

Toda nudez será castigada

Em toda a obra de Nelson Rodrigues, seja no teatro, seja nos folhetins que servem de rascunho às peças, existe uma aguda intenção de paródia. Consciente ou inconsciente, a representação sardônica e mesmo caricatural da realidade é inseparável do seu sentido trágico da vida, e das mesmas atitudes de protesto e desmitificação social, assumidas pelo escritor. É assim esse gênio da caricatura que lhe confere a vivacidade do seu diálogo, estilização muito hábil do cotidiano, de extraordinária eficácia agressiva, e que consegue passar, com idêntica versatilidade, do caricato ao lírico, e do trágico ao burlesco.

Desse modo parece-nos que para apreciar a sua complexa coerência é preciso não deixar de lado o fato de pertencer ele à chamada "literatura do grotesco". O humorismo sarcástico do autor põe em movimento, sem prejuízo das suas intenções de seriedade, um universo poético em que personagens e situações, intensas e exasperadas, não ignoram a zombaria. Neste mundo coerente, o trágico confina com o cômico dentro da maior intimidade, e uma série de situações dramáticas fundamentais para o teatrólogo combina-se e reformula-se, de peça para peça, com urgente necessidade.

Toda nudez será castigada, a última produção desse autor polêmico, estreada segunda-feira, não foge ao referido imperativo geral. Pelo contrário, mais do que nunca aí está configurada, com crueza e violência especiais, a mitologia do seu autor. Dividida entre dois polos — a paixão de um viúvo conformista por uma prostituta, que provoca a mais violenta repulsa por parte da família dele, velhas tias e um filho apuritanado, e os problemas desse filho, que um episódio de crônica policial, inesperado e neurotizante lança na mais negra confusão —, a nova peça de Nelson Rodrigues é, sem dúvida, a mais ambiciosa das que escreveu no seu último período. O abandono pelo teatrólogo de tudo que pudesse distrair o espectador da economia dramática da obra, a intensidade do diálogo e das situações, a própria extensão do texto, sobrecarregado de episódios, a exploração metódica, funcional, do maior rendimento cênico, numa área ainda considerada explosiva da linguagem (e que os filólogos de antanho chamavam de "baixo calão"), tudo isso faz com que a obra prevaleça para o público esclarecido como um impacto emocional de grande violência e reaja, este, de modo saudável ao desafio poético do autor. O humor negro, muitas vezes trágico, banhando o texto da peça através do diálogo poderoso, só pode aumentar a dramaticidade intrínseca do tema. E o grand-guignol desbragado do entrecho, com as complicações internas, intervenções inesperadas, uma última revelação "chocante", em que naufragaria qualquer outro autor, desaparece diante da dignidade elementar da condição humana, que se afirma por detrás das contingências mesquinhas que o escritor criou como uma demonstração de grandeza inalienável.

Fingindo de teatro realista, o que temos em cena é a representação de um melodrama de costumes, de herança folhetinesca (ou "gótica", conforme dizem os especialistas), ao qual comparecem todos os elementos "negros" próprios dessa família literária — violência e abjeção, revolta e crime, sexo e morte, revelações e pasmos. Apenas Nelson Rodrigues tocaria nessa caixa de marimbondos. Pesquisando como sempre o lado irracional do homem, na área das repressões de toda espécie, esse perene interesse do dramaturgo pelos subterrâneos da personalidade e da sociedade bem define a vertente "gótica" do autor, que ele tempera com a sua ironia superior. Não é à toa que "grotesco" vem de *grotta* (caverna), e foi numa caverna que o velho Platão encenou o seu mito sobre a contemplação das formas e aparências deste mundo.

Como espetáculo, *Toda nudez será castigada* é de primeira ordem e mereceu o êxito retumbante da noite de estreia, em que quase todas as cenas isoladas foram aplaudidas a ponto de interromper a sequência da ação, e o final da peça saudado pela sala de pé. A direção excepcional de Ziembinski soube coordenar o espetáculo, com sobriedade e precisão, conciliando inteligentemente os diferentes modos pelos quais foram encarnados os personagens centrais. Cleyde Yáconis tem uma das melhores interpretações de sua carreira no papel de Geni. Com a necessária veemência, mas sem abrir mão dos matizes, cuja importância seria fácil reduzir, a excelente atriz mantém a maior categoria através de todo o desenrolar da peça, dando o difícil relevo, cheio de sutileza, ao personagem feminino central. Luís Linhares defende superiormente o papel de Herculano, embora sua linha de interpretação, ainda que muito sóbria, difira levemente da de Cleyde Yáconis, no absoluto à vontade interior desta, sem prejuízo para o conjunto. Mantendo uma linha grotesca que nos parece identificada à concepção profunda da peça, inseparável dos desamparados irresponsáveis do autor, a interpretação de Nelson Xavier no Patrício, embora indecisa entre os personagens de três dimensões e os figurantes de duas, contribui decisivamente para o deus ex machina menor. Ênio Gonçalves, no papel de Serginho, que nada tem de fácil, consegue criar o personagem, ainda que a transição entre a sua insegurança no hospital e a conquista de Geni devesse ser, quem sabe, mais marcada. Elza Gomes desempenha superiormente a tia mandona, e José Maria Monteiro rouba a cena em que aparece. Cabe referência especial aos cenários de Napoleão Muniz Freire e à homogeneidade dos figurantes, que não desmerecem o espetáculo, certamente um dos melhores produzidos pelo teatro nacional nestes dois anos. Em resumo: um grande espetáculo para um texto fascinante, que se coloca entre os primeiros do seu autor, vale dizer, da moderna dramaturgia brasileira.

CRÉDITOS DO ESPETÁCULO

Toda nudez será castigada
Três atos de Nelson Rodrigues

Estreia: 21 de junho de 1965
Teatro Serrador, Rio de Janeiro

Cenários e figurinos de Napoleão Muniz Freire
Produção de Aluísio Leite Garcia e Joffre Rodrigues
Direção de Ziembinski

Atores principais: Cleyde Yáconis, Luís Linhares. Elza Gomes, Nelson Xavier, José Maria Monteiro, Ênio Gonçalves, Antônia Marsullo, Ferreira Maya, Renée Bell, Jacyra Costa, Olegário de Hollanda.

1965

A residência do insofrido

Conservada pela família tal e qual se encontrava quando da morte do escritor, a casa paulistana de Mário de Andrade fica na Barra Funda, na célebre rua Lopes Chaves, que ele cantou com carinho e ironia. Do exterior não se diferencia muito das outras casas da vizinhança, senão por ficar de esquina e ter as persianas verdes. O jardinzinho estreito dá acesso à varanda, onde, em fevereiro último, foi inaugurada uma placa com a efígie do morador, morto vinte anos antes. Mas é só atravessar a soleira para o visitante ser integrado na atmosfera particular do poeta, "com seus livros, com seus quadros" — que nem no verso de Manuel Bandeira — "imóvel, suspensa no ar". A paisagem cotidiana que Mário construiu pouco a pouco ao redor de si, com os objetos e peças que lhe eram mais caros, restitui, com inesperada força, a personalidade do autor de *Belazarte*. Toda a sua complexa humanidade como que é comunicada de modo transposto por esses pertences, os quais, a seu jeito, reconstituem a fisionomia moral do poeta de *Remate de males*.

CENTRO DE CRIAÇÃO

    Construída em 1921 pelos pais do escritor, e ainda hoje ocupada pela sua família,* a casa de Lopes Chaves foi a terceira que Mário de Andrade haveria de ocupar na sua cidade de São Paulo, depois da infância na rua Aurora e adolescência no Largo do Paiçandu — itinerário consignado na sua derradeira obra, *Lira paulistana*, com versos que hoje pertencem às antologias. Levantada à véspera da revolução estética do modernismo, como um símbolo involuntário, a residência do poeta tornou-se desde logo um dos centros de agitação dos "novos", dado o espírito generoso do seu ocupante. Quartel-general da renovação artística, todos aqueles que de alguma forma se interessavam pelas tendências reformadoras encontravam ali um porto seguro, mais além das mesas de café e da agitação mundana dos salões que "protegiam" os jovens vanguardistas.

    Pouso certo para as discussões mais sérias, podia-se contar em Lopes Chaves com a hospitalidade franca, a informação segura, o apoio amigo do dono da casa. A sua vasta cultura encontrava subsídios numa ampla biblioteca, extraordinariamente atualizada, que se espraiava por todos os domínios, a par de tudo que se publicava no estrangeiro nos campos especializados que interessavam a Mário — literatura, música, artes plásticas, folclore. Assim, escritores e pintores, compositores e pesquisadores frequentavam assiduamente a casa do autor de *Macunaíma*, num convívio dos mais produtivos. Esse intenso comércio intelectual, criando uma atmosfera

---

* O patrimônio de Mário — livros, documentação, móveis, obras de arte — foi adquirido em 1968 pela Universidade de São Paulo, que o transferiu à Cidade Universitária onde ficou abrigado no edifício da História e Geografia, primeira sede do Instituto de Estudos Brasileiros. Anos mais tarde, a casa de Mário de Andrade foi tombada e desapropriada pelo governo do estado de São Paulo.

muito propícia para a criação — uma criação que Mário tentou coordenar com a amplitude e liberdade que sempre caracterizaram o seu espírito —, estimulava a todos. A presença reconfortante do escritor era indispensável nesse meio, e de tal ponto de vista a imensa correspondência de Mário de Andrade com todo o Brasil é ainda um prolongamento da afetuosa sociabilidade da casa de Lopes Chaves, estando ligada às paredes e aos seus móveis e quadros.

A RESIDÊNCIA DO INSOFRIDO

Grande como é, a casa está toda ela cheia da presença física de Mário. Desde o vestíbulo as altas estantes de madeira, protegidas por vidro, emolduram o interior. Na sala de visitas, sobre o piano de cauda, os santos antigos, as peças de folclore e, agora, a grande fotografia do poeta; nas paredes, entre outras telas, *A estudante russa*, de Anita Malfatti, e o retrato vitoriano do tio que morreu moço, no tempo do Império. Na sala de jantar vizinha, acima do painel de madeira escura, as telas de Rebolo Gonsales e Enrico Bianco, naturezas-mortas e paisagens; flores de Guignard e Anita no corredor, além de um guache expressionista dela, retratando Mário ao tempo da "Semana".

Mais adiante fora da sala de música, na estante baixa com uma pequena escultura de Brecheret em cima, alinham-se as duas cópias de todas as primeiras edições da época — a autografada pelo autor e a duplicata, adquirida por Mário para a leitura e anotação. Sobre o piano de estudo e das aulas que ministrava, fica a enorme gravura de Beethoven, enquanto escuras estantes envidraçadas circundam toda a peça e a tornam muito acolhedora. O vão da escada é o lugar do grande André Lhote, um *Football**

---

* Na verdade, *Jogadores de rugby*.

cubista, e, mais uma vez, no patamar do alto, a visita é envolvida pelas estantes, numa das quais continua, preso no vidro, um lembrete datilografado típico do dono da casa: "Livro não se empresta. A casa é sua. Venha ler aqui". Diante do móvel, refletido no vidro, está o belíssimo retrato de Mário por Lasar Segall. Nele o escritor ficou fixado, com grande sutileza, num instante de, ao mesmo tempo, relaxamento e tensão; e que reproduzia, segundo o mesmo Mário, algo do "seu lado demoníaco".

REDUTO DE TRABALHO

Estamos afinal no escritório do poeta, ao lado do quarto minúsculo. Toda a mitologia estética do grande escritor, intimamente ligada à reformulação das artes no Brasil, das raízes coloniais às frondes pós-modernistas, está ali disposta ao redor da mesa redonda de vinhático. Na sala ampla a cômoda antiga, com o oratório rococó, as esculturas populares, os móveis de jacarandá, os quadros inumeráveis, dispõem-se num à vontade definitivo. Dois Portinaris: o retrato do poeta em mangas de uma camisa azul, contra um fundo noturno (pela estrada, num horizonte distanciado, vêm vindo retirantes, e o mastro de são João está junto de um casebre); e a imensa batedora de café,* sentada no chão tão completamente, as pernas estendidas, que ela mesma parece, nessa variação de tons que vai do rosa ao barro, uma grande escultura de terra. O Guignard (a *Família dos fuzileiros de uniforme branco*), as Anita Malfatti (os dois *Homem amarelo*, o *Chinês*,** e um segundo retrato em guache do escritor — Mário possuía as melhores telas da pintora paulista), um Di Cavalcanti do primei-

---

* *A colona.*
** *O japonês.*

ro período — superpõem-se de envolta com outras telas, formando um painel caleidoscópico. Um painel que, por assim dizer, é a prova concreta da pluralidade cultural do próprio Mário, e que dele fornece afinal uma visão panorâmica.

UMA BIBLIOTECA VIVA

Homem antes de mais nada organizado, e nisto muito distante da regra geral do escritor brasileiro, o espírito metódico de Mário de Andrade soube desde muito cedo mobilizar instrumentos de racionalização do trabalho intelectual, como o arquivo e o fichário, por isso causando espécie numa terra de caóticos e improvisadores como a nossa. Seu agudo espírito público fê-lo também voltar-se para a ação pragmática e o trabalho de equipe. Nesse sentido, bem conforme a sua intenção de servir, seria cada vez mais absorvido pelo instinto pedagógico, latente nele, e que o levou a tratar largamente (talvez em prejuízo da sua obra de criação) todos os demais campos pelos quais se interessava. Prova disso temos, tanto através da sua correspondência inumerável, de evidente transcendência, como pela maneira com que o escritor soube transformar, sem mesmo o perceber, a casa de Lopes Chaves num autêntico centro de estudos.

Franqueados aos amigos em vida — embora obedecendo a severas regras de disciplina, assim mesmo inúmeros volumes se perderam da sua biblioteca — a "livraria" e o arquivo de Mário continuam a prestar serviços depois da sua morte. Nesse mesmo momento, diversas alunas da Faculdade de Filosofia da Universidade de São Paulo estão estagiando ali, a fim de recolher as anotações dispersas nas margens de livros e partituras. Trabalho notável, reunirá ele todas as anotações críticas, comentários de leitura e observações dispersas, colhidas ao vivo por um escritor da importância de Mário, ainda ao sabor da primeira impressão, deixadas nas margens dos seus volumes. Desse modo, vinte anos após a sua morte, a presença de Mário de Andrade continua a prolongar-se fisicamente do ambiente em que viveu, tornando a casa da rua Lopes Chaves, em toda a sua despretensão, um dos pontos mais expressivos do itinerário cultural da cidade de São Paulo. Da cidade que Mário — do primeiro ao último livro, da *Pauliceia desvairada* à *Lira paulistana* — usou como seu tema constante e no qual transpôs a "emoção da sua vida".

1965

Os Beatles são um pouco de tudo para todas as pessoas

Para a gente que se encontra há milênios longe da adolescência, e não tem mais paciência para essas coisas, são apenas os três patetas mais um quarto, e já é mais que suficiente, Santo Deus! Para o meninote entrando no trilho da dita adolescência, são o fino, na voz, na cabelama, na roupa, nas botas bacaninhas, nos filmes, nos discos então... Para o jovem sociólogo de óculos de tartaruga, as entradas aumentando, uns cinco fios brancos no topete erudito, eles constituem a suma sociológica de um tempo desgovernado: um caleidoscópio frenético de história em quadrinhos, gritaria em classe, cinema mudo em festa de aniversário, musical barato, comédia pastelão no Cineac, picadeiro de circo, programa de televisão, filme de aventura com xeque, *maciste*, cossaco e pirata. Danny Kaye somado a Jerry Lewis, e muito cabotinismo bem dosado — enfim, a máquina de fazer dólares, em perfeito funcionamento. Para a futura mamãe que vai, vela panda, por Barata Ribeiro afora, olhando as vitrinas, pensativa, representa a dúvida de se o próximo bebê vai pertencer a um tempo que nem esse, e a esperança indecisa de que não seja o neto de Drácula o ídolo do filhote dela, pois pelo jeito que a coisa vai…

O máximo do legal, crise de idade, retrato do tempo, o que virá daqui a dez anos — seja como for, o fato é que os Beatles existem, logo dão o que pensar. Como bambambãs do histerismo coletivo da turminha teenager, eles representam coisa que não é brincadeira. À margem da minuciosa organização comercial que possuem, e que não perde a menor deixa para recolher royalties e mais taxas do menor suspiro que suspiram, eles têm lados positivos. Dentro da sua atmosfera absurda, no seu enfrentar corajoso do bom senso e do ridículo, há uma inegável passagem do cabotinismo ao lirismo, que só é cifrada para aqueles que se encontram de todo distantes do mundo fechado da adolescência. A sua fantasia apalhaçada liga-se com a tradição dos cômicos frenéticos, e dentro dela é evidente a reação contra o cotidiano banal. Dentro dessa reação é que toma sentido simbólico e quase mágico o pormenor grotesco que é santo e senha de um código secreto: as franjas rituais equivalem a uma auréola e as botas de salto alteado, aos pés dos heróis.

Essa procura do excêntrico numa sociedade cada vez mais sem centro tem uma lógica própria. O tom escarninho e a estridência própria desse quarteto de morte propõem, ao adolescente indócil na pista, um mundo à margem, que o seu espírito de confraria secreta não pode dispensar. A paródia e o nonsense são peças fundamentais nessa crítica à sociedade dos adultos, estandardizada sem interesse, e que eles rejeitam de todo. Nesse sentido é bem claro o espírito do livro que um dos quatro, John Lennon, publicou no ano passado, com uns desenhos geniais: a paródia de textos célebres como *A ilha do tesouro* revezava-se com a sátira de textos jornalísticos, crônica social e comentário político, de um inesperado poder satírico.*

---

* *In His Own Write*, lançado pela Macmillan & Scribner (Londres), em março de 1964, com oitenta páginas.

Estou certo de que Alfred Jarry saberia reconhecer esses discípulos heterodoxos, que expandiram, através dos mais eficientes processos da promoção comercial, um inconformismo patafísico visceral e irredutível como a própria adolescência. Não foi por acaso que El-Rei Ubu, esse super-herói do nosso tempo, possuidor de todas as virtudes da época — boçalidade, egoísmo, covardia —, nasceu da reação coletiva de ginasianos contra um professor tirânico. Revolta que Jarry manteve acesa, na sua arte grotesca e patética, durante toda a sua vida exemplar de peão da liberdade. Da mesma revolta da adolescência é que saem os Beatles armados com capacete de rugby e pluma de plástico, franja de débeis e botas de borra-botas, para investir o Jaguadarte. E quando algum dia se encontrarem em alguma esquina com o nosso pai Jarry, baterão no ombro dele chamando-o amigo velho de guerra: "*Hi there, Alfreedom, dear old chap!*".

1965

O concreto Corbusier

O homem mítico que foi Le Corbusier não abdicaria de tal condição nem mesmo ao morrer. A morte colheu-o em pleno nado, nesse mar cor de vinho que se espraia de Homero a Saint-John Perse e Durrell, dando as suas braçadas de estilo na ilustre onda mediterrânea. De repente mergulhou em definitivo na história, peixe vivo em sua água fria. Para aqueles que ouviram o mestre contar mais de uma vez as suas histórias de nadador, em especial aquela do cação que o perseguira tentando abocanhar a sua pessoa — afinal o herói conseguia alcançar a areia, mais morto do que vivo —, esse *causo* ficará valendo como a obscura alegoria do seu destino, que agora se cumpriu no litoral de Roquebrune. Roquebrune: nome de ressonância corbusiana, nele a gente está vendo, através da transparência do mar violeta, o grande rochedo escuro contra o qual a velha e gloriosa escuna foi bater.*

* Charles-Edouard Jeanneret-Gris (Le Corbusier) morreu em Roquebrune-Cap-Martin, França, em 27 de agosto de 1965.

A nitidez parece ter sido aquilo que Le Corbusier buscou sempre, antes de mais nada. Filho e neto de relojoeiros, transpôs a precisão suíça — que em Klee se organizaria num universo miniaturista — para o campo pendular das grandes massas limpas. Nascido na mesma cidade que Calvino, a severidade chamava-o de todos os lados. Apesar do seu lirismo de baixo profundo transbordar, do modo mais impetuoso, da arquitetura para a pintura, a escultura e a literatura, esse fluxo obedecia a uma disciplina organizadora, anterior, que ele afinal acabaria por codificar na sua dialética da "estrutura independente", que coexiste e se completa de modo pacífico. E o neto de relojoeiro passou a construir os relógios de sol que são as casas: máquinas de morar, conforme as definiu. Humanizando poderosamente as engrenagens que afinal tinham de ter, deu-lhes novamente, numa pulsação repousada, o verde, a luz e a brisa que delas haviam sido expelidas.

Acredito que os seus contatos de moço com a arqueologia e a arquitetura rústica no sul da Europa — nos Bálcãs, na Grécia, na Itália — forneceram-lhe o forte sentimento do material e da funcionalidade estética do "tosco", complementando ao vivo o lastro racionalista das influências que o formaram, cubistas e outras. As pesquisas das terras pobres do sol encaminharam a decisiva reformulação arquitetônica que existe na sua obra. Não é por acaso que as suas "cidades radiosas" são, de modo geral, mediterrâneas e tropicais — a unidade de habitação em Marselha, a reformulação urbanística de Argel, o piso e o teto de Xandigar, no Pendjab. Trata-se da complementação coerente de um ciclo.

A música da arquitetura definiu-se para ele como *le jeu savant, correct et magnifique, des volumes assemblés sous la lumière.**
Esse novo modo de ver a magnificência, que corresponderia em literatura a uma elocução grave e despida, dando o seu peso às

---

* "O jogo adequado, correto e magnífico, dos volumes dispostos sob a luz."

palavras nobres e em música a uma intensidade tonal máxima, é que lhe fez dizer a Paulo Carneiro, comentando as simpatias e diferenças existentes entre a arquitetura dele e a dos discípulos brasileiros: *Vous, vous êtes gracieux; moi, moi je suis solide.** E pesava nesse *solide* definitivo toda a mole dos seus concretos vivos.

A possibilidade da criação na diversidade, sempre a se renovar, é um dos aspectos mais fascinantes da sua arte. A alegria com que havia aceitado a era da máquina afasta-o do utopismo naturista de um Lloyd Wright, sem que isto o levasse a se fechar em qualquer ortodoxia industrial, por mais bem formulada que fosse ela. A sua criação, ao contrário, sempre teve algo de biológico. E é, aliás, ele mesmo quem se refere a uma como que biologia da criação, e, com senso de humor, à evolução "biológica" do projeto arquitetônico, específica e totalmente livre cada vez que se propõe.

Curioso também o interesse que dedicou à expressão literária esse poeta da organização do espaço. Em toda a sua teoria é visível o cuidado com a expressão escrita, que tende para formas concisas, lapidares, quase aforismáticas. Mas o seu ideal estaria antes fixado numa aglutinação articulada das artes à sombra da arquitetura, e que ele tentou experimentar no "poema eletrônico" montado no Pavilhão Philips da Exposição Internacional de Bruxelas, em 1958. No edifício metálico lembrando duas tendas acasaladas, eram projetadas nas paredes, de inclinação desigual, duas séries simultâneas de imagens fixas e de espectros de luz, enquanto eram ouvidos efeitos de música eletrônica e um texto do autor.

Quem já subiu a breve ladeira que leva à igreja de Ronchamp, deve ter bem presente a emoção singular que provoca esse costado de navio em cimento, que o vento castiga sem dó. O contraste da paisagem revolta ali de fora, que o mesmo perfil

---

* "Vocês são engraçados, eu sou sólido."

do edifício acentua, com a atmosfera interior da igreja, existindo numa luz líquida, é, fora de dúvida, um dos altos momentos da arquitetura. Sabiamente dosada com uns toques de cor, a atmosfera que vamos encontrar nessa nave, fundo de mar no meio do campo, é indescritível. Nas escotilhas quadradas do casco derrama-se a caligrafia lírica de Le Corbusier: algumas vidraças coloridas transformam a luz da superfície distante. A atmosfera está toda voltada para uma contemplação abissal, fora do tempo: as formas geométricas das janelas na parede de concreto aparente acentuam a impressão. Será possivelmente a impressão de calma e plenitude mais intensas de que já tive conhecimento.

Talvez tenha sido essa plenitude e essa calma que tenha merecido o nosso nadador, quando imergiu de vez no mar filósofo de Roquebrune, transparente e luminoso.

1965

Presença de santa Teresinha nas letras e artes no Brasil

Transcorre, hoje, o quadragésimo aniversário da canonização de santa Teresa do Menino Jesus e vigésimo quinto da ereção da igreja de que a santa adolescente é padroeira, à entrada do Túnel Novo [Rio de Janeiro]. A data é duplamente significativa por ser a santa — santa Teresinha, conforme a chamamos para diferençá-la da severa e admirável santa Teresa de Ávila — uma presença profundamente enraizada na sensibilidade brasileira. Foram os brasileiros, aliás, que converteram o seu nome no diminutivo carinhoso que, hoje em dia, acabou por se transformar em nome próprio, com direito a registo em cartório. Passando a existir ao lado do Teresa original, Teresinha deixou de ser uma forma familiar e coloquial, para surgir como nome independente, dono de referências próprias, todas alusivas à freirinha de Lisieux, canonizada em 1925. Este o motivo de existirem, na geração que tem menos de quarenta anos, inúmeras Teresinhas — Teresinhas — e não Teresas, esse "inha" galaico-brasileiro traduzindo o *Petite Thérèse de l'Enfant Jésus*. Muitas dessas Teresinhas tornaram-se conhecidas nas letras, nas artes, nos ofícios e até em outras atividades alguma vez em franco contraste com o modelo a que se referiam.

ESPIRITUALIDADE DA SANTA

Apesar da sua canonização recente, a presença da santa teve o seu lugar imediatamente garantido na nossa sentimentalidade. E, isto não só através da devoção urbana e suburbana — de que é um dos mais autênticos frutos —, como na própria literatura nacional, desde os meados da década de 1920, quando subiu à glória dos altares. A modernidade do tema contemporâneo, a sua graça delicada e singela, um certo sabor seu, caseiro, recolhido, muito coerente com a espécie do catolicismo intimista que já se quis caracterizar como tipicamente luso-brasileiro, consagraram de vez a sua imagem. Em oposição à patética tragicidade hispânica, em que o Cristo aparece flagelado e chagado, existe essa religião mais mansa em que se prefere contemplar o Menino Jesus rechonchudo, sorridente, filho amantíssimo da Senhora Compadecida, capaz de dar jeito às situações mais pretas.

Escolhendo esse dificílimo caminho otimista, santa Teresinha do Menino Jesus tratava de seguir por uma misteriosa trilha rósea, tanto mais árdua pelos espinhos escondidos que era conscientemente preciso ignorar. A bem-aventurança angélica das rosas era das mais ásperas. Com as rosas a santa abraçava o crucifixo, e esta sua representação iconográfica queria representar a rosa da cruz e a cruz e os espinhos das rosas. A dramaticidade humana e mística dessa jovem freira de intensa vida interior criava-lhe certa aura de uma espiritualidade de grande apelo ao mesmo tempo popular e intelectual, conquistando o nosso povo pela sua modéstia, sua graça e sua intensa poesia.

PRESENÇA NA LITERATURA

Para o modernismo brasileiro, que procurava interiorizar todos os aspectos da realidade nacional, dando-lhe uma presença viva, através da recriação da linguagem, a projeção da figura de santa Teresinha na sentimentalidade popular foi da maior importância. Três anos após a sua canonização, em 1928, Jorge de Lima cantaria a espiritualidade da freirinha santificada havia pouco — o tema tinha forte sabor de novidade e ineditismo, bem conforme os princípios da escola — no poema "Santa Teresinha do Menino Jesus". Parece ter sido ele o primeiro a chamá-la pelo diminutivo generalizado, mas ainda não oficial numa obra erudita. Humanizando o caráter *Saint-Suplice* da sua efígie oficial, o grande poeta alagoano refere-se à moça "tão nova e tão bonitinha" como quem fala de uma prima morta antes do tempo de morrer, e que nessa condição é uma intermediária muito compreensiva dos nossos pedidos ao Céu.

Quase ao mesmo tempo, Manuel Bandeira escreve a "Oração a Teresinha do Menino Jesus", recolhida em livro em 1930, em que ele pede alegria à santa de alma alegre. Pouco depois, Sérgio Buarque de Holanda anotava nas *Raízes do Brasil* que a popularidade brasileira de "Santa Teresa de Lisieux" provinha do seu aspecto "amável e quase fraterno". Observações de Gilberto Freyre suas contemporâneas confirmavam, no prolongamento urbano e suburbano da sociedade patriarcal, a presença dessa quase "namorada mística".

LOUVOR DE GREGOS E TROIANOS

O culto enternecido da espiritualidade teresiana deve ter alcançado, nessa primeira década depois da sua canonização, uma repercussão excepcional. Mesmo escritores acadêmicos não identificados com os ideais modernistas, como Luís Guimarães Filho e Dunshee de Abranches, dedicaram à santa páginas realmente comovidas. Luís Guimarães endereçou-lhe uma prece em alexandrinos, "Santa Teresinha", e Dunshee de Abranches o fragmento de prosa "Minha Santa Teresinha" — ambos característicos da impregnação poética que inspirava a figura delicada da "Petite Thérèse", e que não era alheia à atmosfera simbolista da juventude de ambos.

Mas seria Ribeiro Couto quem daria configuração definitiva a esse estado de alma coletivo. Roteiro lírico de uma visita a Lisieux, o seu "Presença de Santa Teresinha" é uma tentativa de esboçar o perfil subjetivo da santa. "Parecia que eu visitava uma cidade em que tinha vivido uma antiga namorada." Livro escrito no fim dessa mesma década de 1930 e ilustrado por Portinari — a presença de Portinari, pintor da infância e do lirismo menino, é bem expressiva —, esse guia sentimental de Ribeiro Couto definia a atmosfera de religiosidade caseira que envolve a lembrança da santa muito querida.

A MÃO DE TERESA

Assim, à margem do forte cheiro de santidade e da espiritualidade mística daquela que escolheu a ladeira íngreme da inocência e do amor divino, ganhava uma ressonância ainda maior associada de modo inconsciente — conforme o apontou com perspicácia Franklin de Oliveira, num breve ensaio hoje clássico — à Teresinha de Jesus da famosa ronda infantil que todos sabemos de cor. Transpondo para o mundo da graça a "Teresinha de Jesus" que "de uma queda foi ao chão", cada um de nós afinal aspirava ser aquele "a quem Teresa deu a mão" para entrar, por seu intermédio, na vida eterna a que aspiramos todos.

1965

Um pouco de Sartre

A atmosfera de intenso debate moral é característica do teatro sartriano. No entanto, a poderosa vocação do ficcionista soube evitar de modo cabal o perigo da descaracterização dos personagens, em favor de uma pura e simples discussão das ideias do filósofo; as ideias deste sempre serão propostas através de convincente e mesmo vigoroso arcabouço dramático. O fato é tanto mais notável por ter sido exatamente este o campo em que naufragou outro pensador existencial, o católico Gabriel Marcel, cujas peças talentosas, mas cinzentas (como *Le Monde cassé*), pecavam pela absoluta falta de movimentação e calor cênico.

Sartre, ao contrário, dono de vasta imaginação e não menor talento fabulador, atento ao problema estrutural de cada uma das suas ficções, tratou de equilibrar harmoniosamente os dois elementos, a movimentação dramática e a exposição didática. Conforme já apontaram alguns dos seus críticos, a tendência do teatrólogo seria mesmo encaminhar-se para uma cada vez maior ênfase dos lances do enredo. Este começa então a funcionar conforme determinado simbolismo realista, bastante menos concreto nas suas situações do que os episódios das primeiras peças, mas ainda suficiente, do ponto de vista dramático e didático, para valorizar o conflito que lhe interessa. A sua adaptação do *Kean* de Dumas, a atmosfera rarefeita de *Os sequestrados de Altona*, são exemplos bem significativos dessa atitude.

A excessiva impostação filosofante dos personagens desta última peça, todas elas tendendo a recitar os seus papéis, é que fez Ionesco, num momento de mau humor, quando da sua visita a São Paulo há uns anos atrás, referir-se a Sartre como um autor de "melodramas políticos". A acusação é bastante injusta se pretende englobar todas as peças do autor de *Huis clos* e *La Putain respectueuse*. Há, fora de dúvida, dois Sartres voltados para o teatro. O primeiro é aquele que vai de *As moscas*, a sua versão da *Oréstia*, até *As mãos sujas*, drama da crise do engajamento partidário, e que precedeu, algo paradoxalmente, o alistar-se do autor na Frente Popular; a esse período pertence *Os mortos sem sepultura*. A segunda fase é a do Sartre de *O Diabo e o bom Deus* e *Nekrassov*, de *Kean* e *Os sequestrados de Altona*. Este é o que poderá ser acusado de autor de "melodramas políticos" sérios ou jocosos e que, aliás, já se anunciavam obscuramente em *Les Mains sales*.

1965

Bocage vive ainda

Transcorre hoje o segundo centenário de nascimento de um dos mais notáveis poetas da nossa língua — Manuel Maria de Barbosa du Bocage, que todos chamamos, abreviada e carinhosamente, Bocage. Pelas suas mesmas contradições como homem e poeta, é ele figura exponencial da nova sensibilidade que, na segunda metade do século XVIII português, começa a se definir de modo decisivo.

Nesse período de transição, Bocage vai representar, com extrema intensidade, o poeta do sentimento que procura — além do ideal prosaico no qual comungavam os contemporâneos — gravar em versos vividos o seu perfil dramático. Num mundo que procurava de modo ávido o bom senso e a razão, o confortável aconchego burguês, que Garção e Gonzaga cantaram melhor do que ninguém, o culto da desgraça particular, fora do campo idílico da Arcádia e suas polidas convenções, era, quando menos, de mau gosto.

DESTINO DO POETA

Assim, o abandono dos padrões consagrados, o inconformismo seja social ou religioso, só era concebível nos desregramentos dos marginais. O caminho de Bocage, moço dispersivo e contraditório, estava delineado de antemão. De desvio em desvio, de deserção em deserção, só lhe restaria o destino do poeta maldito, com um epílogo patético e sincero de conversão, quando ele de todo já Bocage não fosse. A extraordinária beleza e musicalidade dos seus versos, a retomada de um ponto de vista individualista da tradição platônica de Camões — a cujo destino Bocage comparou o seu —, a plasticidade da forma, a elegância no exprimir o sentimento, confirmam nele a mais autêntica vocação criadora, que influiria as gerações que se seguiram a ele, no Brasil ainda mais que em Portugal.

OS VERSOS DO POETA

Os poemas de Bocage existem em diferentes níveis de criação, bem conforme a extrema sociabilidade do século, que o poeta não refugou nos seus primeiros tempos. Do improviso e do verso de circunstância até a severa análise introspectiva e o rapto místico, passando pelas diversas formas mundanas caras à sociedade rococó, sátiras e epístolas, cantatas e odes anacreônticas, Bocage escreve sem maiores problemas toda a espécie de rimas. O temperamento artístico, que ele revela desde jovem, não desprezara a caricatura fescenina, que a atmosfera de caserna, o meio colonial na Índia e em Macau e o submundo das tascas lisboetas deviam propiciar, folgadamente. A figura de exceção do poeta nesse meio "perdido", a sua complacência em compor os versos licenciosos que lhe pediam, acabaram por aglutinar em torno da sua figura um autêntico ciclo folclórico de pornografia e escatologia, ainda hoje inseparável, nas camadas populares, do nome desse poeta de raça. O prestígio escuso e injusto, no entanto, propiciou curiosamente a redescoberta da verdadeira fisionomia de Elmano Sadino, árcade dissidente em todos os sentidos, e que, ao se afastar da Nova Arcádia Ulissiponense, estava afinal lançando as raízes do romantismo.

A VIDA DO POETA

Nascido em Setúbal, quase à margem do rio Sado, no princípio do outono de 1765, Manuel Maria abria os olhos num lar burguês, organizado e próspero, com as suas fumaças de fidalguia. Tanto pelo costado materno, como pelo paterno (o sobrenome Bocage vem-lhe da mãe: o pai é mais prosaicamente Barbosa), a sua gente dividia uma certa tradição cultural bem firmada com algum prestígio militar. Na imaginação dos meninos da casa — dois homens e quatro moças —, as façanhas marinheiras do avô materno, oficial de marinha francês, que se estabelecera em Portugal, deviam sobrepujar talvez o prestígio letrado da irmã dele, Marianne du Bocage, que compusera tragédias em francês. Nesse ambiente culto e cheio de tradições o jovem Manuel Maria vai revelar, muito cedo, os dotes de versejador. Mas o falecimento da mãe, aos dez anos da sua idade, desfaz essa atmosfera propícia ao estudo; o mocinho senta praça, em 1781, no regimento de Setúbal, preferindo à pena a espada que também existira na família. Em 1783, obtém transferência para a armada real, e permanece em Lisboa até 1786. Sua vida dissipada parece ter início nesse período. Quando cursava a Academia da Marinha, foi considerado desertor, em junho de 1784. Mas, na época, a deserção parece não ter tido a gravidade de hoje em dia, e o jovem cadete dado aos improvisos (estes já lhe granjearam uma certa reputação) é reintegrado à sua corporação.

A MIRAGEM DAS ÍNDIAS

É em abril de 1786 que Bocage embarca para a sua primeira grande viagem. O destino é Goa, miragem dourada no Oriente português, que promete, cintilante, fama e fortuna. A nau, com seu nome de três santos, molha no Rio de Janeiro, cidade que encanta o poeta. Aqui é ele recebido e muito obsequiado pelo senhor vice-rei do Brasil, d. Luís de Vasconcelos, que sabe das rimas e da genealogia do jovem oficial. Nessas felizes semanas que se demorou no Rio, aposentado num pouso da rua das Violas, frequentou a elite local, e embora sem esquecer a amada de Setúbal, deixou-se levar pelos olhos pretos das cariocas. Em outubro encontra-se finalmente diante de Goa, onde vai se demorar dois anos; lutou em escaramuças em que a sua guarnição esteve envolvida, e depois de se ligar, com geral escândalo, à favorita do governador local, que o protege, é promovido e remetido para Damão, onde deserta pela segunda e última vez. Bastava de vida militar e de aquartelamento: vamos para a China. Bocage navega para Macau, mas quase lá não chega, pois um tufão à melhor maneira de Joseph Conrad atira a nau e o poeta para Cantão, onde passa tempos difíceis. Em Macau, porém, é muito bem recebido. Seu encanto natural conquista a todos; é o próprio governador quem facilita a sua volta para o Reino, onde já se encontra em agosto de 1790. A aventura do Oriente, os amores infelizes, o fado de poeta sofredor permitem-lhe então cantar: "Camões, grande Camões! Quão semelhante acho teu fado ao meu, quando os cotejo".

A POBRE REALIDADE

As decepções não esperavam o poeta apenas na Ásia distante. Uma das primeiras coisas de que toma conhecimento em Lisboa, ao desembarcar no Terreiro das Naus, é que o mano mais velho casou-se com a bem-amada de Setúbal, preferindo o pássaro à mão ao que estava revoando longe por Índias e Chinas. Pois então já está definida com isso a boêmia intelectual. O poeta corta Lisboa em todos os sentidos, e se nunca deixa de lado os versos, compõe os mesmos à mesa das bodegas e pousadas. A mesma consagração oficiosa da Nova Arcádia não lhe interessa muito. Se frequenta, no Palácio dos Condes de Pombeiro, as "quartas de Lereno" — reuniões com chá, torradas, modinhas e lundus que lhe levantam umas saudades do Rio de Janeiro (o padre Caldas Barbosa, meloso, entoa: "Bate, bate coração, tape, tape, ti") —, se de outra feita recita um improviso em verso heroico diante do príncipe d. João, no próprio Paço, por ocasião do nascimento de uma das infantas, em breve estará agredindo esses áulicos de arcádia, com a sua língua ferina e desbragada de novo "boca do inferno". A guerra dos poetas combina com a sua veia militar, que ele também é aberto, por combativo, à totalidade das ideias "libertinas", as ideias francesas, às quais adere não só pelo seu lado epicurista, cutâneo. A polícia começa a suspeitar do subversivo, e assim que o poeta dá ao prelo o ímpio "Pavorosa ilusão da eternidade", vai pescá-lo a bordo da corveta *Aviso*, que se aprestava para zarpar para o Brasil. Mal avisado andara ele, se havia esperado rever em breve os olhos escuros das cariocas mais a brisa da tolerância: algemado, nosso poeta entregue à decrépita Inquisição, que sobrevivia mal e mal no "século das luzes", para tratar de casos como esse. E por sua vez o Santo Ofício o remete aos frades, para que recuperem estes o blasfemo, com o pão e a água da solidão forçada.

ÚLTIMOS TEMPOS

Ao contrário do herói sartriano, Bocage revela-se sinceramente recuperável à ortodoxia. O convento obrigatório, o contato com monges eruditos e benevolentes, a convivência com um ermitão do século, com os conhecimentos e a experiência sublimada do conde de São Lourenço (que ali se esconde voluntariamente, com os oratorianos, do burburinho do mundo), parece que motivaram o lado contemplativo do desenfreado poeta, que durante essas férias forçadas medita sobre a vida e a morte, e escreve.

Os seus últimos anos, saído do mosteiro, vive-os em companhia de uma irmã mais moça que lhe é muito dedicada. Consegue sobreviver à custa de traduções para a oficina tipográfica do Arco do Cego, dirigida pelo brasileiro Frei Veloso. Verte para o vernáculo prosa e verso: Ovídio e poemas didáticos, *Gil Blas* e *Paulo e Virgínia*, trabalhos de botânica e tragédias da velha tia-avó. A vida é difícil, apesar dos amigos e dos estranhos que se enternecem com o destino do escritor, que para esses bons burgueses de coração mole parece negro e inglório. No inverno de 1803 rompe-lhe o aneurisma, e o poeta, pura sombra da agressiva pessoa que afrontara índios nas colônias e zoilos na metrópole, sucumbe afinal. Lisboa chora a sua perda com lágrimas quentes.

O elmanismo, isto é, a posteridade poética de Elmano Sadino, a sua herança literária, se em Portugal foi desbancada pelos seguidores de Filinto Elísio, o mito romântico e as harmonias religiosas e profanas de Bocage marcaram tanto os nossos românticos como os pais desse romantismo marmóreo que foi o parnaso caboclo.

1965

Ampulheta de Borges

Estirado numa cadeira de lona, ao sol frio de agosto, Jorge Luis Borges descansa os seus oitenta anos — ou oitenta séculos? — num terraço bonaerense que parece inventado pela irmã dele, Norah, nos desenhos e óleos "metafísicos" que pintava ao fim dos anos 1920. Os óculos escuros meio escondem o rosto, que palpita na luz, e acabam por alterar o perfil pesado de grande peixe das profundezas. Protegem aqueles olhos que distinguem com dificuldade, e sem maior interesse, a enevoada aparência das coisas. Mas talvez procurem também resguardá-lo do próximo entrevistador, já escondido na escada. O repórter sobe ao terraço e faz as mesmas perguntas repetidas desde 1950 em três ou quatro línguas diferentes, sem um sorriso para a polida, distante inverossimilhança das respostas. Essas respostas constituem velho jogo entre "Borges" e ele mesmo, duplo digladiando com a própria imagem diante do espelho; combate hoje travado com indiferença entre o estereótipo consagrado e o irrequieto demônio que continua a habitar o interior da própria herma. Estirado ao sol frio na espreguiçadeira, a bengala apoiada às pernas, debaixo da manta escocesa, Borges descansa ao lado dos oitenta anos dele. E eis que, de repente, começa a lhe martelar a cabeça, palavra escandida atrás de palavra, o primeiro verso de um poema novo. Texto que, em pequenos arrancos, vai deixando na memória o próprio rastro escuro, assim como a notícia urgente se escreve sozinha sobre a fita do telex.

Poeta, ensaísta, autor de ficções cuja originalidade ainda nos agride, Borges havia ousado, "cidadão de uma república meramente Argentina", reinstalar em Buenos Aires a biblioteca de Alexandria com técnicas mais modernas. O aço escovado do humorismo dele, seco, contundente, sobriamente desencantado, de um egotismo confesso e professo, percorria socraticamente andares e porões desse museu imaginário, visitando teologias, éticas, sistemas filosóficos e planetários, história universal e cultura da província. Surpreendendo as mais intrigantes vestimentas e máscaras do tempo, recuperava, para o leitor perplexo, histórias de gaúchos e sagas, sistemas pseudológicos e alegorias da memória, remotas cosmogonias e bandidos metafóricos, mitologemas de arrabalde e indicações da realidade. Essa "espécie de dialética hegeliana" sem compromisso Mário de Andrade já em 1928 adivinhava inseparável da "fadiga contemplativa e condescendente" do maneirista sutil de *Inquisiciones*. Esse jogo com tempos e eternidades, de confronto contínuo entre passado e futuro, servido pela ironia e pelo paradoxo, testemunhava a concepção cíclica do pensamento de Borges, ao mesmo tempo mágico e lógico. Não é difícil entender o fascínio que tal obra exerceu, pela singularidade da própria proposta, dado o apelo que ofereciam as sendas divergentes de um pensamento em aberto. Borges oferecia ao primeiro chegado o gesto esquecido de virar ao contrário o relógio de areia e a descoberta dos minúsculos grãos do bojo de vidro fluindo de uma ampola à outra.

Não obstante, havendo aderido de corpo e alma aos valores vitorianos e eduardianos da sua formação, esse mestre de cerimônias do tempo assistiu, incrédulo e inconformado, à derrocada de uma época da qual se sentia órfão. Explorando e reinventando com gênio as mais recônditas virtualidades intelectuais daqueles valores, deles não soube refutar aquilo que possuíam de mais monstruoso e perempto. O profundo sentimento de casta, a ignorância — assumida — dos pressupostos econômicos, a hierarquização valorativa de raças e culturas (com a consequente defesa da missão ordenadora dos imperialismos), a insensibilidade pelos problemas sociais, fora da área pietística, o encarecimento passional de "conceitos" vagos como ordem, decoro, civilização — parecem ter sido no dia a dia absorvidos pelo escritor como categorias indiscutíveis e definitivas. À margem do arco voltaico da sua obra, as opiniões políticas e sociais do ficcionista de *El Aleph* representam lancinante testemunho de desaceleração do tempo ideológico — soturno testemunho, em negativo, da universalidade dos temas que abordava. Singular destino sul-americano desse homem que, refutando o tempo em que viveu, o marcou com o sinal indelével da própria presença.

(No terraço ensolarado de Buenos Aires, Jorge Luis Borges repete mais uma vez de si para si, a fim de fixá-lo na fungível memória, o poema que acabou de compor.)

1979

O Ceasa de Eckhout

Há coisa de mês Mário Barata realizou no auditório da Pinacoteca do Estado, com a proficiência de sempre, uma conferência sobre os pintores nassovianos. O tema da missão científica e artística batava (ou *bátava*, conforme preferem outros e narra a anedota) muito se desenvolveu nos últimos vinte anos. Diferentes estudos monográficos perscrutaram vida e obra dos componentes do grupo, Frans Post à frente. Hoje em dia, aliás, o primeiro paisagista do Nordeste tem reunida a parcela mais importante da obra dele em instituições públicas e coleções particulares paulistanas. Nas animadas intervenções que se seguiram à palestra de Barata, no entanto, foram as naturezas-mortas "brasileiras" de Albert Eckhout que provocaram maior interesse dos presentes. Isto se deveu em parte às questões que as mesmas parecem levantar em relação à cultura do século XVII. Tanto no que diz respeito à expansão colonial europeia, quanto ao conhecimento científico do tempo e, ainda, à evolução das formas artísticas, nesse momento de ascensão da ideologia barroca.

Nos países protestantes, a transfiguração naturalista da arte da Contrarreforma procurou aplicar então a própria ênfase numa pesquisa do conhecimento humano. Ligada sempre à meditação moral e religiosa, ela se voltava antes para uma ética em que a iniciativa, individual ou da coletividade, vinha a ser comandada pelo homem responsável colocado sem mediações diante do Criador. Nesse sentido, as dezesseis monumentais naturezas-mortas que Eckhout pinta para João Maurício de Nassau-Siegen representam, na exótica exuberância de formas e cores, não apenas o louvor genérico às maravilhas da criação e o elogio à audácia empreendedora do homem diligente, mas inestimável contribuição ao estudo de espécies botânicas desconhecidas. Comprovavam, além do mais, o tino comercial da Companhia das Índias Ocidentais, que havia investido capitais onde valia a pena.

Além dessas naturezas-mortas, onde palpita aquela "vida silenciosa" a que Mário de Andrade se refere, Eckhout ultimou oito painéis de dois metros de altura, reproduzindo, no próprio habitat, os naturais do país — *Homem tapuia* e *Mulher tapuia*, *Negro da Costa* e *Mulher negra com cria*, *Mulato* e *Mameluca*, *Homem tupi* e *Mulher tupi com cria*. Nesses quadros ele seguiu, com involuntário humorismo, a convenção da iconografia áulica da época. Nada afeta o impassível realismo que adotou, no qual "comunica" documentariamente o dia a dia abaixo do equador. Até mesmo o pormenor sensacional da dieta antropofágica da *Tapuia* é minimizado a nível de cotidiano. Mas a consciência decorativa do tempo também não desapareceu: a sua garbosa *Mameluca* levanta acima do ombro uma cesta de flores e arrepanha com graça o cabeção que arrasta na poeira.

Não importa que Eckhout nessas telas haja saqueado — conforme hoje se acredita com toda probabilidade — o *Livro dos animais* de Zacharias Wagener, modesto colaborador de Marcgraf, conterrâneo para quem trabalhou. O álbum de Wagener, de observação muito mais precisa nos pormenores do que as brilhantes transposições de Eckhout, regista todos os animais e figuras utilizados por Albert nas telas, como ainda elenca, individualizadas em catálogo, as frutas da terra agrupadas nas naturezas-mortas.

Tenho a impressão de que a novidade maior oferecida pelas frutas e drogas do trópico que Albert Eckhout pintou repousa na perspectiva aberta pelo artista sobre o céu, amplo e luminoso. Um céu atravessado por nuvens de chuva, sim, mas que não são ameaçadoras; insinuam, antes, fecundidade e florescimento, um opulento ciclo natural que promete novas primícias e riquezas a quem as souber aproveitar. A messe abundante desse eterno outono colonial, onde várias vezes durante o ano a natureza produz novas searas, é assinalada nessas telas com monumentalidade triunfante e incontestável poder de convicção. Apoiada num parapeito de janela que é convite a viagens e conquistas, mamões, goiabas, maracujás, cocos, abóboras, pepinos, limões-doces, melancias, araçás, cajus, mandubis, pendões de cana, espigas de milho, abacaxis, mangabas — informam, celebram e convidam ao mesmo tempo. A feira de amostras brasilianas fala ao espectador da glória de Deus e do bom sucesso da Companhia, deixando lugar ainda para uma ponta de desalento barroco relembrar que a vida passa, que a vida passa...

Divergindo da tradição das mesas postas flamengas e dos bodegones hispânicos e assim das demais celebrações elegíacas europeias, *memento mori* e *sic transit* (sempre compostos num interior), Albert Eckhout abre para o céu um respiradouro inédito que parece invocar a luz de outros climas.

Seria o acaso de indagar o preço que agora alcançam esses produtos no mercado central de Amsterdam. No Ceasa, apesar da visita recente do inspetor-geral, andam pela hora da morte.

1979

Exercícios de leitura, exercício de surpresas

Por mais incrível que pareça, neste tempo de feroz autopromoção, existem ainda escritores tímidos. Este, sem dúvida, é o caso de Gilda de Mello e Souza, que só agora se animou a aparecer diante do grande público como autora de livro — um belo livro de quase trezentas páginas: *Exercícios de leitura*. Atrás da irônica e despojada propriedade do título esconde-se do leitor desavisado um ininterrupto exercício de surpresas e descobertas apaixonantes, que é necessário ler e reler sem pressa. É bem verdade que antes dele a autora havia dado ao prelo *O tupi e o alaúde*, polêmica interpretação de *Macunaíma*. Mas esse estudo esbelto e provocante estava longe de comunicar a dimensão de quem o escrevera. E se também não podíamos esquecer "A moda no século xix: Ensaio de sociologia estética", de 1952, texto que provocara a maior admiração de um leitor exigente e requintado como Augusto Meyer, é preciso dizer que aquele ensaio fascinante ficou segregado nas páginas quase inacessíveis da *Revista do Museu Paulista*.

Conformada a colaborar em publicações ligadas à faculdade onde ensinou, raramente assinando outros escritos em revistas e suplementos literários, Gilda ficou por assim dizer confinada ao nobre gueto universitário. Só agora *Exercícios de leitura* vai finalmente romper tal círculo de giz, revelando um dos nossos mais sutis, incitantes e vigorosos ensaístas. É abrir esse volume e percorrer, uma após a outra, as 21 surpreendentes "leituras" que o compõem. Mais ou menos longas, abordam com invariável interesse questões de artes plásticas, teatro, literatura, cinema, teoria estética. Redigidas em diferentes circunstâncias entre 1952 e 1979, surpreende no volume a qualidade homogênea de páginas tão diversas, onde se reafirma, em liberdade, a coerência do "pensamento interior e único" da criadora. Sempre segura, a escrita vaza-se num estilo ao mesmo tempo sóbrio e incandescente, no qual reponta a nitidez e a firmeza dos "primeiros grafismos", de que fala um poema de Drummond.

Lado a lado encontramos assim o artigo destinado à imprensa e a aula inaugural na Universidade; um estudo exaustivo sobre momentos decisivos da pintura cabocla confina com a exposição sucinta de problemas estéticos propostos durante certa entrevista; o registo de impressões contraditórias motivadas por aquele debate a respeito do Cinema Novo ombreia com o estudo sobre a evolução das formas em Milton Dacosta; a análise da sutil valorização cênica do texto de uma comédia de Machado de Assis montada por Ziembinski precede o esboço da crise dos valores burgueses no contexto de *As três irmãs*.

E não se diga que Gilda também não discorde e discuta, dissentindo de criadores para os quais se volta sempre de forma admirativa. Este é o caso de sondagens dedicadas a filmes "de autor" como *Os inconfidentes*, de Joaquim Pedro de Andrade, e *O desafio*, de Paulo César Saraceni. No primeiro questiona a severidade jansenista com que Joaquim tratou a figura de Gonzaga; no segundo objeta ao teor dos diálogos programáticos, que, segundo ela, empanam a pungência da imagem no filme de Saraceni.

Em conjunto assim denso e vário seria inevitável que se destacassem sempre alguns momentos privilegiados, em que o leitor presencia, com a respiração presa, a invenção de um mergulho ensaístico total. Acontece isso no texto que trata de vanguarda e nacionalismo nas artes plásticas brasileiras no decênio 1920, por exemplo (inesquecíveis, nesse contexto, as páginas sobre Anita, Segall e Di Cavalcanti). Ou no estudo que o precede e completa, a respeito dos precursores da pintura modernista, escorço que culmina com a poderosa análise de *A forja*, de Artur Timóteo, tela de 1913. Ou no ensaio definidor da atividade ímpar de Paulo Emílio Sales Gomes, intérprete da nossa cultura na modesta circunstância cinematográfica nacional, de que ele foi o primeiro desassombrado perito. E que está também presente na complexa dissertação — lúcida, emocionada — sobre a poesia de Manuel Bandeira. Isto sem esquecer as abordagens seja da shakespeariana anatomia política e econômica empreendida por Luchino Visconti em *Os deuses malditos*, seja da coerência ética subterrânea que dialoga com a gratuidade picaresca no *Satyricon* felliniano. Ou ainda, e sempre, o texto que versa sobre o gesto livre e instaurador do desenho primitivo, desde o paleolítico até as nossas tribos funaizadas.

Abre o livro "A estética rica e a estética pobre dos professores franceses", crônica de um momento decisivo da cultura moderna brasileira — a fundação da USP, de que a jovem Gilda foi testemunha visual. A autora coteja aí as atitudes pedagógicas dos mestres notáveis da "segunda Missão Francesa". Computando, em comovida abordagem, a ação cultural decisiva de Roger Bastide, recorda que, ao se instalar no país, este escolheu investigar sempre uma "estética pobre", voltada para o nosso cotidiano. Uma "estética de antropólogo" que abriria para os discípulos rigoroso caminho de despojamento intelectual, e cuja meta última era voltar-se, sem preconceitos, para a realidade imediata. Buscando a liberação do olhar, levava a um autoconhecimento coletivo, estrada para todas as descobertas. *Exercícios de leitura* mostra a maneira pela qual a discípula, livremente recriando a lição, transformou essa técnica em instrumento efetivo de conhecimento. Escutando amorosamente a criação, o olhar de Gilda, admirável lição de humildade diante da criação artística, faz-nos enxergar com maior limpidez as formas do mundo.

1980-3

Um resumo da nossa arte desde o Império

Por volta de 1925, quando a explosão demográfica de São Paulo tomou impulso inesperado e a cidade começava a se expandir em todos os sentidos, a quase ninguém deve ter ocorrido que certa silenciosa plantação de chá, situada na encosta íngreme do rio Pinheiros, em menos de um quarto de século estaria integrada na trama urbana da megalópole que se esboçava. A fazenda Morumbi, que a gente Rudge, desembarcada com o príncipe regente em 1808, havia levantado no primeiro quartel do século anterior, pertencia a uma outra realidade, imóvel no tempo e fixada pela rotina. Falar em cidade tentacular era coisa de literatos lidos em simbolistas belgas; não satisfeitos em pronunciar nomes complicados como Verhaeren, esses moços barulhentos ainda citavam poetas mais desconhecidos como os americanos Carl Sandburg e William Williams, a fim de demonstrar sabença e *posar* certa modernidade que eles, na verdade, só podiam conhecer de ouvido.

Perdidas em meio ao verde indiferente das outras colinas do planalto paulista, as paragens escarpadas do Morumbi ainda permaneciam anônimas. Quando muito serviam de tema para aqueles raros artistas que se davam ao trabalho de fazer pintura ao ar livre, conforme mandava o figurino verista. Um José Wasth Rodrigues, por exemplo, que em 1916 executaria, com agilidade surpreendente para o artista que depois havia de ficar preso à erudição documentária, deliciosas *manchas* desses morretes coroados por arvoredos solitários. A ele haveria de suceder, lá por 1930, trinta e tantos, o jovem Francisco Rebolo Gonzalez, que também por ali perambulou a fim de captar, em cores vibrantes e lirismo gráfico ainda mais decidido, as formas opulentas desse remoto arrabalde da capital. São Paulo já então não podia parar de correr; construía freneticamente uma casa por hora. Casas em todos os estilos: "ridículos grotescos belos grandes pequenos norte sul egípcio ianque cubista", conforme fixara com a sua codaque, em verso, certo poeta sem braço, ao que parece de origem suíça, que por aqui andara no decênio anterior.*

Em 1943, Gregori Warchavchik — *erre no nome, mas acerte no arquiteto* — remanejava uma das construções *supérstites* da fazenda original (talvez um engenho), transformando-a numa capelinha hipotética da ex-distante propriedade; concebeu-a conforme o figurino das missões californianas, que Hollywood e arredores haviam posto em voga durante a euforia dos *fabulous years*. Em seguida assobradou a sede térrea da fazenda do modo mais fotogênico, levantando-a ao modo das casas-grandes apalacetadas da província do Rio, ao tempo do Segundo Reinado; colaborava, sem saber, com a Vera Cruz, que, uns anos depois, haveria de aproveitar set tão maneiro para aí filmar uma das suas superproduções terceiro-mundista mais bem cuidadas: *Sinhá Moça*. Quando já se encerravam os anos 1950, nos outeiros que Wasth Rodrigues e Rebolo haviam recriado com tanta convicção,

* Blaise Cendrars (1887-1961).

foi implantado num acinte, com todos os seus basculantes, na soturna monumentalidade *littoria** de um arremedo neoclássico, o desengonçado Palácio dos Bandeirantes — rima sem remédio em forma de edifício e que só poderia ser absorvido na paisagem se envolto num bosque espesso formado pelas nossas árvores nativas mais frondosas.

Antes, porém, de se consumar tal calamidade, quando ainda o Morumbi era uma fazenda em vias de desmantelamento, ao findar da Segunda Guerra Mundial, recém-chegado à terra o casal Bardi levantaria, entre a galharia alta de uma ravina próxima, o belo projeto-jeanneret de Lina Bo — as primeiras armas desse arquiteto excepcional entre nós. Mas a ideia de "viver no verde" ainda causava espécie: ir morar no mato, ainda por cima numa cabana suspensa de vidro e concreto, em meio aos ramos de árvores anônimas, era mesmo façanha para Tarzan e Jane, não importa se *made in Italy*. Coisa de gringos que ainda por cima eram intelectuais. Gente civilizada é que não havia de se meter nisso.

Segundo tudo indica, não pensava assim Oscar Americano, engenheiro de vistas largas, industrial bem-sucedido, que possuía daquele lado vasta propriedade onde costumava passar férias e fins de semana com a família. Com o crescimento contínuo da cidade em direção ao seu sítio imenso, à visão do pioneiro não escapou a oportunidade de urbanizar a gleba, o que levou a efeito durante a primeira administração municipal de Ademar de Barros. Ao retalhar o principado que possuía, Oscar Americano teve, no entanto, o bom gosto de reservar para si, na vertente oposta àquela onde os Bardi haviam erguido o aéreo pavilhão deles, nada menos que 75 mil metros quadrados, onde decidiu construir a nova residência da família. Convidou, então, a fim

---

* Littoria, cidade fascista, criada em 1932, na região do Lazio. Hoje chama-se Latina.

de definir o programa do amplo parque que aí se implantaria, o paisagista Otávio Teixeira Mendes, e, para projetar a sede da propriedade, o arquiteto Oswaldo Artur Bratke. A empresa era complexa e, de bom grado, os dois artistas se reuniram a fim de a resolverem a contento.

Colocado diante dessa área imperial, Otávio Mendes soube aproveitar de forma sugestiva a topografia irregular do terreno, evitando qualquer truque fácil de impostação cenográfica. Preservou, em primeiro lugar, nos baixios do terreno, o grotão original que aí existia (derradeira memória da mata ciliar do ribeirão que o atravessa) e onde se recortam o verde-claro das folhas das bananeiras e o para-sol de prata das embaúbas. A partir desse núcleo primordial fez plantar outras espécies vegetais nativas e exóticas, e toda a área foi agenciada em aclives e declives que permitissem ao usuário percorrer suavemente o terreno. Evitando os violentos desníveis que aí ocorriam originalmente, manteve as curvas caprichosas do parque inglês oitocentista, nele implantando árvores e arbustos florescentes ao lado daqueles que já existiam. O verde unido de sibipirunas e paus-ferro, as duas espécies dominantes, reveza-se harmoniosamente com pereiros, ipês de quatro cores, angicos, paineiras, canafístulas, paus-brasil, diversas espécies de palmeiras, magnólias brancas e amarelas, quaresmeiras de coloração variada, tipuanas, espatódeas, até os acer-japônicos, diversas espécies de pinhos e os pálidos eucaliptos.

Na esplanada da parte superior do conjunto ergue-se o pavilhão do espelho d'água (ornado com um mosaico abstrato de Karl Plattner); daí tem-se uma visão abrangente dos bairros que se espaçam desde o espinhaço da avenida Paulista até o Morumbi — panorama que começa a ser ameaçado por uma sempre maior cortina de "torres" residenciais. Próximo ao atual campo de tênis (onde deverá ser levantado um auditório) foi localizado o belo bronze Escola-de-Paris, assinado por E. Manasse e trazendo a data 1950, que se espreguiça em meio à grama e à hera que aí se unem. Arbustos como guapuruvus, hibiscos, jasmins-do-imperador, eufórbias, acálifas contrastam com folhagens ornamentais e flores várias — caetés, dracenas, agapantos, filodendros, marantas —, numa variedade de formas que convida a vista a mergulhar nessa verdura úmida com sensação sempre nova. Evitando reproduzir a exuberância compacta da mata tropical, de que o grotão preservado constitui amostra expressiva, toda essa área verde mantém uma sóbria coerência que não elimina a fantasia e merece ser percorrida em toda a extensão.

Se este foi o partido que Otávio Mendes tirou do parque, por seu lado Oswaldo Bratke projetou a residência suavemente pousada numa esplanada que ele agenciou na extremidade leste do terreno. Integrando-a no verde circundante através de uma série de varandas e terraços, o arquiteto atribuiu ao perfil do projeto feição luminosa e alada. Ritmando com elegância a respiração do conjunto, amarrou-o em torno de um pátio interno vazado — módulo ideal do edifício —, onde plantas baixas e relva fofa recompõem o clima intimista de um claustrim que consegue ser ao mesmo tempo ocidental e oriental. A fachada posterior — a primeira que o visitante entrevê desde o ingresso da propriedade — abre-se sobre o jardim através de terraços calçados com pedra portuguesa policroma. Estas reproduzem, em mosaico, requintados desenhos de Lívio Abramo, o qual aí representou, em preto, branco, ocre e violáceo, no belo traço sintético dele, os diversos reinos animais: mamíferos, aves, peixes e répteis do país. O cuidado do acabamento acompanha os pormenores da arquitetura; através de pequenas e sucessivas descobertas o visitante atento acaba por se integrar no espírito que preside o conjunto, podendo fruir em paz, no silêncio do verde, essa fascinante invenção a várias vozes.

Construída a partir de 1950, os Oscar Americano viveram

nessa moradia fora de série cerca de vinte anos. Em 1972, no entanto, subitamente falecia a dona da casa, deixando um irreparável vazio naquele espaço que ela havia ajudado a criar com tanto interesse. Aos poucos foi despontando então no marido a ideia de transformar a propriedade numa fundação que, homenageando a finada, ao mesmo tempo preservasse o conjunto excepcional que constituíam parque e casa — incluindo-se nesta os móveis, os quadros e as demais alfaias da sede. Uma instituição cultural aberta, que pusesse ao alcance da comunidade um patrimônio por tantos títulos notável e que constituíra, ainda, homenagem do ideador e dos seus descendentes à Cidade e ao Estado em que haviam nascido. Em março de 1974 — três meses antes do desaparecimento do seu inventor — era criada a Fundação Maria Luísa e Oscar Americano. O gesto, corrente nos países de sólida tradição cultural, fugia à regra dentro do nosso espesso individualismo, tanto mais por envolver bens de tal monta. Assim, quando menos esperavam, numa era de exacerbada especulação imobiliária, o Morumbi e São Paulo ganhavam um bem cultural único, apenas comparável, no país — seja pelo requinte das instalações, seja pelo interesse das peças que abriga —, a esse outro grande núcleo civilizatório representado, no Rio de Janeiro, pela Fundação Raymundo Ottoni de Castro Maya.

Sem desejar-se impor enquanto museu, a fundação que se instalou na casa-grande projetada por Oswaldo Bratke representa, ao mesmo tempo, uma residência fastosa de São Paulo no decênio de 1950, assim como certa notável coleção particular de *Brasiliana*, recolhida pouco a pouco, sem nenhuma intenção museográfica, mas que resultara num acervo de tal forma significativo que passou a resumir, em traços largos, o itinerário das artes no Brasil, dos tempos coloniais até o presente. Constitui, assim, no seu ecletismo, um involuntário "passeio pela História do Brasil", desde a ocupação holandesa do Nordeste até o pós-modernismo 1950. Escultura religiosa e profana, prataria, mobiliário, pintura, tapeçarias, porcelanas distribuem-se pela parte social da casa, conservada como era ao tempo em que a ocupavam os seus proprietários, critério adotado para o quarto dos mesmos, cuja mobília é constituída por peças setecentistas de alta qualidade. Já os demais dormitórios da casa foram adaptados a fim de se transformarem em novos ambientes, dedicados ao século XIX brasileiro e aos fastos imperiais nativos, exibindo peças doadas por colecionadores e amigos do casal Americano, ou já diretamente adquiridos pela fundação.

De Frans Post (1612-80), o paisagista-mor que o conde João Maurício de Nassau-Siegen trouxe para pintar os novos domínios tropicais das Províncias Unidas, a Fundação Maria Luísa e Oscar Americano possui nada menos do que oito telas — a segunda maior coleção do artista batavo no mundo. Duas são as tapeçarias ditas *Nouvelles Indes*, inspiradas em estudos e apontamentos gráficos de Albert Eckhout, outro artista trazido por "Maurício, o Brasileiro" para documentar as terras do açúcar; pertenceram ambas aos lordes Byron, e o poeta de *O corsário* deve tê-las contemplado desde criança no castelo paterno. Imaginária, fragmentos de talha monumental, mobiliário baiano, fluminense e mineiro estão muito bem representados na coleção através de santos, crucifixos, oratórios, papeleiras, cadeiras, cômodas, tronos de bispo, credências e arcazes da mais requintada fatura. A ourivesaria luso-brasileira, preciosa como é, encontra-se ricamente exemplificada através de lâmpadas de sacrário, tocheiros, gomis, bandejas, paliteiros, cuités, objetos profanos ou de culto das mais variadas funções, em peças que datam dos séculos XVII ao XIX. Porcelanas — Macau, Companhia das Índias, Vieux Paris, Limoges e Sèvres — demonstram, na província e na corte, a evolução do gosto e dos costumes sociais entre nós. Nas ditas *salas imperiais* a iconografia da Família Real Portuguesa e da Casa Imperial Brasileira — sem esquecer peças ou objetos que pertenceram a esses personagens ou a eles se ligam de alguma maneira — ganha toda a ênfase. Óleos, estampas, esculturas aí se encontram concentrados, destacando-se os retratos de d. Pedro I, da imperatriz Amélia e da princesa Maria Amélia pelo português Maurício Sendim, o de d. Pedro II — de sabor vagamente ingênuo — executado pelo Cavaleiro d'Almeida, bustos do mesmo e da imperatriz Teresa Cristina por Rodolfo Bernardelli e do jovem monarca por Zéphyrin Ferrez. Merece referência especial o retrato em miniatura da imperatriz Leopoldina, quando ainda arquiduquesa d'Áustria, executado pelo seu mestre de desenho Isabey. Importante ainda a série, muito notável, de gravuras dos soberanos que viveram no Brasil — de d. Maria I a d. Pedro II (oferecidos à fundação pelo casal Marta e Érico Stickel). Entre as aquisições mais recentes destaca-se o notável retrato, pintado por Franz Winterhalter em 1872, da condessa de Barral e Pedra Branca, preceptora das princesas Isabel e Leopoldina, filhas do segundo imperador, e o retrato deste por Jules Le Chevrel, professor da Academia Imperial de Belas-Artes. Um reposteiro de veludo, portando as armas imperiais bordadas a fio de ouro, e que pertenceu à sala do trono do Paço de São Cristóvão (doação de Carolina e Renato Ticoulat) é outra peça que invariavelmente provoca o interesse do visitante. Fez parte da antiga coleção de d. Olívia Guedes Penteado.

Da pintura nacional do século XX, além de uma paisagem de Antônio Parreiras e uma grande tela de Belmiro de Almeida (segunda versão da célebre *Dama da rosa* que se encontra no Museu Nacional de Belas-Artes carioca) vemos três Cândido Portinari da última fase, um belo Lasar Segall da série Campos do Jordão, o amplo painel de Di Cavalcanti, *O cais*, duas faces de um biombo (agora desmontado) que Guignard iluminou, um grande Clóvis Graciano e telas expressivas de Moussia Pinto Alves, Tuneu, Aldo Bonadei e Cícero Dias. Alguns quadros de Favretto (*Pioggia in*

Galle), Ziem (*Coucher de Soleil à Venise*), A. Claude (*Des Fleurs*), Jacovacci (*La Nascita del Delfino*), Dupray (*Le Départ des Cuirassiers ou Envie de Rester*) documentam ainda, nesse ambiente, outra faceta dos nossos hábitos: o vacilante gosto visual da fração cosmopolita da nossa alta classe média, predominante no princípio do século e mesmo depois, quando possuir obra de autor premiado nos *salons* europeus era nota indispensável de categoria seja social seja intelectual.

1981

Aquela morte em Veneza

A notícia da morte de Stravinski espalhou-se pela cidade de tardinha.* Com ela, a determinação testamentária: morto nos Estados Unidos, o compositor desejava ser enterrado em Veneza, próximo ao túmulo de seu amigo e principal animador, Serguei Diaguilev. O qual ali jazia, desde 1929, entre as árvores que ensombram o recinto reservado no campo santo aos russos ortodoxos.

A ilha de San Michiel, fronteira a Murano, foi transformada em cemitério municipal na segunda metade do século xix. Para quem a olha desde as Fondamenta Nuove, junto ao embarcadouro das lanchas que servem Murano, Burano e Torcello, o antigo convento dos camaldulenses, fica no extremo da ilha. Rente à água o que se vê o tempo todo é o muro alto, branco e rosado, que cinta toda essa extensão de terra. Acima dele recortam-se, na

* Stravinski morreu em 6 de abril de 1971. Alexandre Eulalio vivia em Veneza nessa época, onde era leitor brasileiro na Università degli Studi di Venezia, posto que ocupou de 1966 a 1972.

luminosidade vária da Laguna, o campanário gótico de cúpula azinhavrada e as ampolas escuras dos ciprestes. A falácia patética destes últimos é apropriada ao lugar.

Coincidência: duas semanas antes, debaixo de absoluta reserva, haviam me referido que o corpo de baile do Teatro La Fenice afinal conseguiria realizar uma aspiração muito antiga: homenagear o criador dos *Ballets Russes*, dançando diante do túmulo dele. Tinha sido vencida a compreensível hesitação das autoridades municipais. Debaixo do mais absoluto sigilo, transferiram-se na surdina, a horas mortas, bailarinos, pequena orquestra, técnicos de cena, iluminadores, para aquele setor isolado do cemitério, que aliás dá as costas a Veneza e a Murano. Ali, diretamente sobre a água que gorgoreja no quebra-mar, a muralha abre um dos seus diversos pórticos decorativos. São poucos passos até o esbelto monumento funerário de Diaguilev — pilar, lanterna, oratório vertical, granito rosa sem polimento diante do muro. Em meio a viva comoção realizou-se a cerimônia secreta. Liturgia profana, de todo coerente com o espírito cenográfico e o gosto espetacular que, sem prejuízo da ironia rascante dos venezianos, constitui uma das características da *Serenissima*, grande teatro de mágica. Em perfeita consonância, aliás, com a sentimentalidade decadentista de Serguei. Guloso de pompa e cerimonial, para ele a intensidade fugaz do espetáculo (apenas um outro nome do prazer) constituía a pulsão por excelência.

O profundo reconhecimento de Stravinski por Diaguilev foi expresso com nitidez nos testemunhos escritos que deixou — tanto em *Crônicas de minha vida* quanto nas cintilantes confidências recolhidas por Robert Craft, banhadas de espírito crítico e até sarcasmo. Ao se associar, na sua mesma morte, à memória do grande animador, o velho Igor não apenas homenageava o grupo que a si mesmo autodenominara "os Pickwickianos da Perspectiva Niévski", mas reforçava a sua filiação direta ao círculo peterburguês do "Mundo da Arte" — Aleksandr Benois, Dmitri Filosofov, Walter Nouvel, Mikhail Vrubel, Liev Rosenberg ("Léon Bakst") —, cujo itinerário ideológico Camilla Grey reconstitui com brilho no seu belo estudo sobre a arte russa de 1863 a 1922. Círculo cuja atmosfera complexamente estetizante permitira a irrupção em 1909 dos *Ballets Russes*, pelas suas mesmas contradições momento decisivo da arte nova ocidental.

Veneza recebeu como filho pródigo esse outro neto de Bizâncio. Fazia muito que ele, antes mesmo de celebrar são Marcos no *Canticum sacrum*, assumira a consciência da raiz comum. As exéquias solenes tiveram lugar no vertiginoso espaço gótico de San Zanipolo, *chiesa famosissima*; nesse mausoléu de vinte doges armou-se alto catafalco recoberto de folhagem viva. Durante o culto ecumênico ortodoxo-católico, oficiado pelo arquimandrita de San Giorgio dei Greci, os corpos estáveis de La Fenice executaram a *Missa*, de 1947, para coro misto com duplo quinteto de sopros; alguns dos executantes seriam ainda os mesmos da estreia de *The Rake's Progress*, em 1951. Todo o mundo intelectual da cidade, presente. Estou vendo Ezra Pound, uma pelerine jogada nos ombros, esperando desde cedo a chegada dos despojos.

Minha amiga Nicoletta Tonini fixou-o nessa postura, ao lado da mulher, numa foto belíssima que conservo. Por fim o soturno cortejo rumo a San Michiel, as gôndolas encarreiradas numa fila única, primeiro Rio dei Mendicanti fora, depois Laguna aberta, até a igreja de pedra alva lá longe. A capitânia, onde seguia só o esquife dentro do esquife, arrastava principescamente pela água uma cauda negra franjada de ouro. Esse pano molhado de sal ficou valendo para mim como o coerente pano de boca que descia sobre fecundo mundo da arte stravinskiano.

1982

PARTE II

MESTRE DE CERIMÔNIAS
(Resenha, apresentação de livro, exposição, concerto, filme)

Macunaíma, fábula e autorretrato de um povo

Macunaíma, a maior das obras narrativas de Mário de Andrade (1893-1945), é uma tentativa de definição, em clave ao mesmo tempo sardônica e didática, do brasileiro de todos os tempos e todas as regiões. Publicada pelo grande escritor em 1928, com a expressiva indicação de *rapsódia*, é feito de elementos os mais diversos, organizados, porém, de maneira muito expressiva. Como em todas as obras do poeta de *Clã do jabuti* (a totêmica tartaruga terrestre das tribos indígenas brasileiras), o tema da identidade nacional propõe-se nele com lirismo e humorismo. *Macunaíma* é o "herói sem nenhum caráter", o "herói de nossa gente", paradigma de um brasileiro muito concreto, ao mesmo tempo típico e atípico, que o escritor reconstruiu de modo arbitrário, seguindo, deliberadamente, o fio do decâmeron indígena recolhido pelo antropólogo alemão Theodor Koch-Grünberg em Mato Grosso,* no final dos anos 1800. Sarcástico "herói civiliza-

---

* Em Roraima, na região do rio Orinoco.

dor", Macunaíma é a soma arlequinal — adjetivo dileto de Mário de Andrade, cantor da sua cidade de São Paulo — dos habitantes do Brasil-continente, dos seus muitíssimos defeitos e depurada sabedoria. Por isso, Macunaíma se move com inteira liberdade do passado ao presente, da floresta à cidade, da terra ao céu, agitando-se caoticamente através do tempo e do espaço. Nasce negro e, de repente, vira branco; essencialmente esperto e preguiçoso, sentimental e cínico, sensual e ingênuo, desleal e generoso, não tem coerência senão com seu estado de espírito momentâneo. Obra que o crítico Cavalcanti Proença definiu com finura como fruto amargamente irônico de uma desilusão amorosa, "desilusão de amante traído, pois que a realidade brasileira não coincidia com a imagem idealista de Mário", essa autocrítica sem ênfase, banhada de um pungente humorismo, encontra no grotesco o seu instrumento natural de denúncia e desmitificação.

Através das aventuras de Macunaíma que ama Ci, a "Mãe", e procura o amuleto mágico que foi parar nas mãos do Gigante, o sistema de lendas estudado por Koch-Grünberg transpõe-se para os mitos e realidades contraditórias de um país à procura de si mesmo. Diga-se, de passagem, que ao núcleo da obra de Koch-Grünberg, Mário de Andrade acrescentou, rapsodicamente, outras mitologias, folclores, usos e costumes do vasto arquipélago cultural brasileiro, tudo numa simultaneidade que lembra as origens vanguardistas do livro e o relaciona, no plano da cultura ocidental, ao experimentalismo dos anos 1920. Pela sua aguda reelaboração antropológica, a sua pesquisa linguística e narrativa, a qualidade poética do seu fantástico, *Macunaíma* avizinha-se das suas contemporâneas *Leyendas de Guatemala*, de M. A. Asturias — outro texto pluridimensional.

Esse é o contexto da obra que Joaquim Pedro de Andrade escolheu para tema de seu filme. A "comédia feroz" que o refinado diretor realiza sobre a rapsódia de Mário de Andrade dá prova de que a obra de 1928 está mais viva do que nunca. A complexa problemática social e política do Brasil de hoje se reflete no livro de mais de quarenta anos através da eficaz adaptação cinematográfica de J. P. A. e documenta o engajamento global do grande poeta do modernismo brasileiro.

1969

Pedro Malazarte &tc

O projeto musical de Mário de Andrade é quase tão ambicioso como o da obra literária dele. Nada mais consequente: profissional no campo do ensino da música, professor de conservatório como era mestre de Brasil, tratou de propor apaixonadamente — através de compêndios, artigos, ensaios — um autêntico plano decenal da música brasileira. Primeiro, a definição ao mesmo tempo tipológica e topológica da fisionomia e da personalidade musical do Brasil através dos seus substratos populares. Em seguida, o libertário transfigurar dessas virtualidades na criação erudita, com plena consciência da sua função social.

Propondo sem esquematismo algum a reelaboração do conceito mesmo de música brasileira aos jovens compositores do tempo, Mário levou avante a missão de inventor dele — com aguda inteligência e lucidez a toda prova. Indicando, sugerindo, promovendo discussão, propondo soluções, equacionando novos estudos, tratou de motivar os músicos moços a fim de que assumissem identidade cultural profunda e coerente. Identidade definida em situação, aqui e agora. A sua proposta de radical autoconhecimento, a busca desse eu coletivo, pretendia romper com a ignorância e a rotina acadêmica; caminhava no sentido de uma criatividade solidamente orientada pelos impulsos musicais profundos da comunidade popular.

A poderosa intuição antropológica de Mário de Andrade superava as próprias deficiências e se enriqueceria pelos anos afora com a abordagem sempre mais abrangente e livre desse problema. Entendida as mais das vezes pela metade, quase sempre como a pregação de limitado nacionalismo folclorizante (ainda hoje parecem pensar assim quase todos aqueles que se interessaram pela questão), a sua proposta vem clarissimamente exposta nos escritos teóricos que deixou, hoje reunidos na edição uniforme das *Obras* (*Música, doce música*; *Aspectos da música brasileira*; *Pequena história da música*), a partir do *Ensaio sobre a música brasileira*, que é de 1928. Camargo Guarnieri, de todos os compositores que então se aproximaram de Mário de Andrade, parece ter sido aquele que melhor apreendeu a complexidade milionária da proposta dele. No mesmo ano da publicação do *Ensaio* — livro que funciona como um rebate, chamando à caserna de si mesmos veteranos e recrutas, e que na última página se reafirma "uma obra interessada, uma obra de ação", começa a fecunda parceria dos dois. Que se inicia, nada menos, com um projeto de ópera nacional, é claro, diretamente ligada às preocupações expostas no voluminho há pouco editado pela Casa Chiarato.

Mil novecentos e vinte e oito é ano decisivo para Mário de Andrade; de muito trabalho, como sempre. *Macunaíma*, que deveria aparecer em livro em julho, exige-lhe as últimas e urgentes alterações. Além disso, a sua atividade desdobra-se na vasta correspondência para os quatro cantos do país, em artigos de crítica musical e literária, polêmicas, ensaios sobre folclore, comunicações para congresso, sem se falar na obra propriamente de criação — os vários poemas que então compõe.

Ainda não é tudo. Outras aventuras apaixonavam o desinsofrido autor do *Losango cáqui*. A 10 de outubro, escrevendo a Manuel Bandeira, depois de repelir deliciado uma louvação do amigo à "rapsódia" do herói sem nenhum caráter, referia-se ainda à nova experiência:

> Falar nisso COMUNICO-VOS que escrevi o libreto de uma ópera!!! Sobre isso até careço consultar você. Tomei um passo do ciclo de Malazarte, coisa pouco conhecida e creio que só mineira, está no Lindolfo Gomes, e fiz em dois dias pra caso urgente um libretinho-merda de ópera-cômica em um ato. Malazarte flirta uma dona casada, de fato só para bispar a janta boa dela. Ela é baiana, mora em Sta. Catarina, casada com um alemão. Ele foi na cidade vender o mate dele e a cena está só com a baiana pondo a janta na mesa pro namorado que vem. Está inquieta esperando, e abre a janela entra uma rajada de coro (pretexto para aproveitar o coro do Baldi, a ópera vai ser cantada no ano que vem). É uma ciranda pedindo pra dançar na casa. Ela manda o pessoal dançar no vizinho e põe o resto na mesa: caninha do ó, língua do Rio Grande, doce de bacuri, tacacá com tucupi. (Nem um só doce baiano só pra moer.) Ciranda amazônica passando por baiana em Sta. Catarina. Ciranda vai e assim fica perto entrando intermitentemente na ópera. Está claro que o meu interesse é fazer um espetáculo musical bonito, movimentado, cheio de possibilidades musicais e coloridas, nada mais.

A carta prossegue dando detalhes do enredo, que não transcrevemos a fim de deixar ao leitor o prazer de acompanhar no próprio texto a trama divertida. Fazemos menção apenas às partes musicais mais importantes: "Alamão reconhecido brinda a *mulher de brasileiro*; solo de barítono"; "Malazarte cai do alto sobre uns fardos de algodão ad hoc. — Que está fazendo aqui? Solo de tenor em recitativo e embolada"; "obrigou a mulher a cantar uma modinha solo de soprano, acompanhamento de viola (instrumental, orquestra de câmara) e refrão de coro no palco"; "Malazarte: — Fica com teu marido, dona. Ele é bom etc., pretexto para música reflexiva, semitristonha". Mais além continua, autocrítico:

> Meu texto não tem nada que valha por si. Os versos são bestas, sem nenhuma correção. O caso é que vale a musicalidade. Músico: Mozart Camargo Guarnieri, 21 anos, moderno, brasileiríssimo, inteligente. Obra de mocidade para ele. Isso não tem importância nem meu texto. O caso de consulta é o nome da peça. *Malazarte* só, fica Graça Aranha. *Uma de Malazarte*? *Pedro Malazarte*? Escolha.

O autor da partitura daria também, posteriormente, depoimento sobre o modo pelo qual surgiu a ideia do seu trabalho. Na casa de Mário de Andrade em 1928, conta Camargo Guarnieri,

> ele, Lamberto Baldi e eu conversávamos, quando surgiu a ideia de uma ópera nacional. Mário ficou assanhado e, três dias depois, me

deu o libreto pronto. Principiei a estudá-lo e a escrever a música, mas logo cheguei à conclusão de que as minhas forças de compositor ainda não alcançariam o objetivo visado. Pus fora o trabalho feito, mas prossegui ruminando o assunto, até que, em 1930, fiz nova investida. Os resultados, porém, não se modificaram, e dessa tentativa conservei apenas o tema da janta, que é o mesmo da abertura da ópera. O mesmo processo de ruminação do argumento e o exame da melhor maneira de realizá-lo musicalmente me tomaram todo o ano de 1931, até que me senti com forças de pôr as mãos à obra. E tudo correu então fluentemente. Iniciando *Pedro Malazarte* a 1º de janeiro, pude concluí-lo a 6 de fevereiro de 1932.[1]

Conta ainda Guarnieri que, na primeira versão musical, a ópera era para grande orquestra. Conversando, porém, com o amigo autor do texto, confessou-lhe parecer inadequada tal instrumentação para uma comédia lírica que durava unicamente 55 minutos, e na qual contracenavam apenas três personagens. Nessas circunstâncias, quem sabe se não daria melhores resultados uma orquestra reduzida? Para sua grande surpresa lia pouco depois, na edição da *História da música* de Mário, recém-aparecida, que o compositor do *Pedro Malazarte*, insatisfeito com a primeira tentativa, havia reinstrumentado a ópera. Já que assim estava consignado em letra de forma, e pelo próprio autor do libreto, o compositor conformou-se — não sem *sense of humour* — em reduzir para orquestra de câmara a primeira partitura.

Transcreveu-a, portanto, para duas flautas, dois oboés, duas clarinetas, dois fagotes, duas trompas, duas trombetas, harpas, tímpano, instrumentos brasileiros de percussão, além de quinteto de cordas.

1. Eurico Nogueira França, "*O Pedro Malazarte* de Camargo Guarnieri no Municipal", *Correio da Manhã*, Rio de Janeiro, 25 maio 1952.

"A concepção cênica primitiva", anota Nogueira França,

foi também modificada por sugestão do maestro Baldi, que achou de pouco efeito dramático limitar-se a ação apenas a um interior — a sala da rústica morada do teuto-brasileiro, o Alamão da ópera. A cena dividiu-se assim em duas partes, pondo-se à direita do casebre o terreiro de São João, com seus elementos característicos, mastro e fogueira.

Levado à cena pela primeira vez em 1952, no Teatro Municipal do Rio de Janeiro (Temporada Nacional de Arte), aí foi novamente montado em 1959, após uma segunda apresentação ao público paulista em 1955. E se Antônio Rangel Bandeira (*Caixa de música*. Rio de Janeiro: Ministério da Educação e Cultura, 1959) vê-o como uma "espécie de Prosopopeia da ópera nacional", para Luiz Heitor (*150 anos de música no Brasil*. Rio de Janeiro: José Olympio, 1956) *Pedro Malazarte* constitui um "delicioso scherzo" pontilhado de humorismo sutil. Nogueira França, por sua vez, pensa que o trabalho de Mário e Guarnieri deixa de ser autêntica obra-prima apenas por não ter conseguido o libretista dar uma motivação real ao coro, cuja presença em cena é factícia e não se entrosa com ação, ainda que musicalmente tenha sido perfeitamente superado pelo compositor esse aspecto. E mais recentemente acrescentou que *Pedro Malazarte* traz indicações de rumo estético certeiras para a criação de uma grande ópera brasileira.

De qualidade superior, a música se nutre de brasilidade irresistível, e a unidade da obra resulta da admirável precisão com que essa música se adapta ao significado e até aos valores fonéticos do texto de Mário de Andrade. Camargo Guarnieri faz circular na partitura grande número de elementos rítmico-melódicos brasileiros. Mas *Pedro Malazarte* não é ópera folclórica. Trata-se de trabalho

Personagens

Malazarte — Moço moreno magro. Todo de preto, com elegância almofadinha: paletô pra cima da bunda, calça bem larga, camisa de esporte aberta no peito e boné de xadrezão colorido. Vem carregando uma folha-de-porta e puxa um gato por um cordão. Sapatos brancos.

Baiana — Baianinha tendendo pra mulata, uma brancarana legítima. Gorducha, cabelos pretos, olhos pretos grandes. Vestido de casa cor-de-rosa vivo. Sapato preto.

Alamão — marido da Baiana. Teuto-brasileiro muito loiro, rubicundo. Dolman e calça curta abotoando no joelho, bem larga, tudo de veludo verde-claro, cor de alface. Sapatões amarelos e Knickerbockers da mesma cor. Chapeu de veludo marron, com flores silvestres do lado.

Côro.

Representação

A Baiana sozinha afobada, traz uma compota de bacuri. Na mesa já tem uma língua de Rio Grande, uma garrafa de bitter de bitiá. Baiana olha o relógio, dá de criação autônoma, de um compositor que estuda e assimila a música popular sem se ater a nenhuma espécie de literalidade, e, salvo em simples citações episódicas, não pretende dar nenhuma fotografia do documento musical anônimo.

As redondilhas da *Serra do Rola-Moça* fazem parte, como se sabe, do rapsódico *Noturno de Belo Horizonte*. Nesse poema, Mário de Andrade transpôs, com respiração unanimista, a visita feita às velhas cidades do ouro em 1924. Era durante a célebre excursão do grupo modernista paulistano a Minas Gerais. A cantante musicalidade, o conteúdo mítico, a estrutura cíclica desse fragmento tornaram-no um dos textos mais populares do autor. O lirismo despojado do texto e a contida dramaticidade do tema provocaram também o interesse dos compositores; em 1941, Camargo Guarnieri o musicava, conseguindo uma das mais belas realizações para canto e orquestra de toda a obra dele.

Já os *Quatro poemas de Macunaíma* foram compostos sete anos mais tarde, 1948. Peças independentes entre si, cada uma representando estado psicológico diferente, devem ser executadas sem interrupção. O texto é complexo, de distintas procedências — misto de palavras africanas, ameríndias e portuguesas —, mas os temas musicais de todas elas foram criações individuais do compositor.

O concerto abre-se com a peça mais recente do programa de hoje: o *Ponteio 48* para cordas, de 1958. Conforme o próprio Mário anotou certa vez, "ponteio, pontear indicam prelúdio, preludiar, improvisar". Camargo Guarnieri adotou com felicidade esse título para a meia centena de prelúdios que compôs. Essa forma aparentemente livre e divagante, no entanto, é fruto de requintada estrutura cujo exigente rigor redunda na transparência cristalina própria a toda obra de Camargo Guarnieri.

1960-75

Obscuridade iluminura

No caminho que percorreu a pintura dele da literatura à letra, do pretexto temático à textura do tema, Adão Pinheiro foi reajustando a lente do olhar a uma realidade maior: a ossatura e o tecido da matéria. Num deslizar em direção às origens de si mesmo e ao grande sertão do inconsciente, a busca dessa grota interior da substância tornou-se progressivo avizinhar-se da "gosma do cosmos": nela, paisagem e personagem se desfaziam na pasta do papel e nos fiapos de uma visão íntima, que era ao mesmo tempo mitografia e pictografia.

Um entrançamento de *scriptura continua* — labirinto gráfico que não pretendia decifrar-se, mas antes se entregava a um sonambulismo criador, no qual o cursivo era sismógrafo de gemido e melodia. Esse o jogo de Adão, largado na brenha do tempo, a recolher no jardim perdido a felpa, o grumo e a apara, matéria-prima do hieróglifo e do ideograma, a fim de reinventar o signo ardente, a grafia do grito. Os caracteres granulosos de todas as origens — amáricos, chineses, maias, guptas, rúnicos, armênios, tibetanos — são copiados pelo pincel caprichoso do calígrafo autodidata. Mensagem na garrafa, Adão perseguiu a todos esses silabários, superpondo-os em irônico palimpsesto. Escrita lavada, enxaguada e estendida em campo azul, sobre a qual ele ainda passou esponja úmida. Escrita muito especial, pois pressupunha a remoção do conhecimento a fim de desaguar na sabedoria. A tessitura fibrosa do papel reabsorveu e transfigurou a tinta.

Primeiro era o Adão Pinheiro do maneirismo pernambucano, intelectualizado e hierático. Nele certa atmosfera ideal de Olinda e Recife, Igaraçu e Itamaracá prolongava-se em perplexidade barroca, ainda narcisista. Nesse cultismo disponível, arcaizante mas aberto aos humores populares e à aventura interior — conversações profanas, paisagens, festões de frutos da terra, anjos santos e bichos, folhagem verde-escura — já se sentia a predisposição alquímica de Adão, fruto ao mesmo tempo de ânsia de transmudamento e de discriminação intelectual superior. A descoberta da talha e do trabalho em madeira de dimensões amplas pode lhe ter aberto janela de nova ordem. Os módulos bem escandidos das telas inaugurais passam a ser saturados por incursões pânicas através da paródia e do grotesco. Ocupam lugar importante nesse momento desenhos e gravuras em madeira para os suplementos literários da província e as belas edições de *O gráfico amador* recifense. Esse grafismo poderoso começa por seguir o traço tátil de Matisse e Léger, ali retomado de modo pessoal por Francisco Brennand; linha espessa e sumarenta, encontrava aplicação concreta nos recortes pastosos do "trópico". Vai ele ganhar contudo nova respiração ao ser reabsorvido no estilhaçamento representado pelas colagens que Adão nesse momento organiza. Nelas, material gráfico e rabiscos de várias naturezas invadem o campo visual num atrevimento crescente de redescoberta; o elemento escrito, com ou sem valor conceitual, começa a ocupar posição agora definitiva. As "cidades tatuadas" — despedida sardônica ao seu eruditismo classicizante — são plantas de velhas urbes europeias nas quais intervêm desde elementos de histórias em quadrinhos a comerciais de televisão. A lógica dessa passagem transita da pintura alusiva e ilustrativa para as vinhetas e capitulares da página escrita, tipográfica ou manual e vai incorporando progressivamente caligrafia e cacografia, inscrição lapidar e grafito. No azul profundo do cosmos renascem debaixo dessa forma alfabeto e escarificação, sinais do homem no corpo das coisas.

1975

Do opaco ao rutilante

Para Adão Pinheiro, reinventar o objeto é uma espécie de conclusão de ciclo. A figura reproduzida em duas dimensões salta, como um boneco de mola, do quadro para a realidade palpável, com o brilho e o friúme das superfícies molhadas de esmalte. Acontece nesse movimento da pintura para a cerâmica como que uma reintegração da sua forma: a fruteira, a garrafa e o bule da natureza-morta abandonam a linearidade plana de antes para assumirem vulto. E o mesmo ocorre com as remotas formas do mito, sereias, pássaros, que no Adão ceramista reabrem o voo lírico com nova agressividade.

Seria o caso de perguntar se a cerâmica não configura o encaminhar-se do artista para a escultura. Mas aqui cerâmica já é escultura, não apenas nas peças monumentais, em que a fantasia sincrética de Adão modela um imaginário ao mesmo tempo pessoal e imemorial, mas ainda nas peças utilitárias — travessas, pratos, cuias, bules — nas quais ressuma o sabor das oferendas propiciatórias. Exaltadas pelo brilho das superfícies vidradas por feldspatos e óxidos ou reabsorvidas nos terras opacos dos engobes de argila e caulim, a cerâmica de Adão reaprende amorosamente uma experiência milenar que engloba, da maneira mais livre, Pérsia e Caruaru, Japão e Jequitinhonha, Gillian Lowndes e os mestres Chün, indiferente ao tempo e ao lugar nela incorporados.

São verdes, turquesas, pardos, índigos, ocres esverdeados, musgos, ultramarinos dançando o jogo da luz. A cor eclode, densa ou transparente, sempre imperiosa, e se oferece ao tato, quase o reclama: sobre ela o pintor garatuja os muitos sinais dele. Superfícies que apresentam também incisões e escaras, orifícios e depressões, que documentam a sóbria inquietação do artista. Assim retornam em louça alguns dos arquétipos obsessivos de pinturas e ilustrações que sempre foram caros a Adão Pinheiro: esfinges, súcubos, harpias, faunos e mesmo outros personagens mais amenos. Desse fundo arcaico — arca onde tudo cabe e tudo se alia alguma vez mediterrâneo mas também daomeano e gê, sassânida, precolombino, luso e han —, reencontramos uma outra reminiscência dos artistas anos 1920 que praticaram o neoclassicismo art déco, com a inevitável citação-homenagem a esses fundadores do perene.

O prazer libertador de trabalhar a terra molhada, levantando da argila dúctil o côncavo dos vasos e o relevo das placas cerâmicas, decanta-se no cozimento desse barro primevo na alta temperatura do forno. Conclusão do ciclo em que forma, cor e significado recriam alegremente, na sua mesma friabilidade, o objeto que não ambiciona a permanência hierática do bronze ou da pedra dura mas a beleza útil e frangível do cotidiano.

1976

Um lance triplo de dados
Mallarmé-Campos-Pignatari-Campos

Mallarmé bien armé de flûtes et d'archets...*

Em mais de um verso de circunstância, celebrando o complexo contraponto da poesia do amigo, Verlaine divertiu-se com esse trocadilho. No silêncio eletrônico do estúdio de som, a cem anos do aparecimento de *L'Après-midi d'un faune*, os sopros e cordas desse verso ressoam ainda no ambiente antisséptico, agora que, à armadura polimodal e toda arabescada dos textos de Mallarmé, veio se juntar por fim a visão armada dos seus tradutores brasileiros. Reinvenção a três realizada de comum acordo por Augusto de Campos, Décio Pignatari e Haroldo de Campos, o Mallarmé que a editora Perspectiva, com o apoio da USP, editou em 1975 surge num momento de crise geral da editoria brasileira. Nem por isso foi menor o cuidado que cercou a feitura do livro e transparece no rigor discreto da sua realização técnica. Com

* "Mallarmé mal armado bem armado de arcos e flautas..."

problemas específicos de bilinguismo, encartes gráficos e separata anexa, esse volume testemunha a seriedade responsável e a larga visão de uma casa-editora situada na vanguarda cultural. Pormenor expressivo é o fato de a obra ter sido projetada para estar ao alcance da bolsa do leitor interessado e ser vendido pelo preço de livro corrente (32 cruzeiros).

Vinte anos de *mallarmagem* (1955-75), para dizer com Augusto de Campos, prepararam sem pressa essa edição, cuja capa bordada a ponto de cruz pelo computador é ao mesmo tempo mapa do céu e toalha-homenagem a madame Mallarmé. A intimidade dos executantes desse trio-texto com as partituras que interpretavam era portanto total. Cintilações harmônicas, surdina do significado, irisamento de timbres, sinuosidade semântica, justapostos ao doloroso núcleo interior desse demiurgo perplexo, já não apresentavam mistério para os três fiéis do santo abade Estevão. Daí talvez, não sei se inevitável, certa sacralização ritualizante da obra e da figura do Poeta Magistral.

Como os demais membros do panteão cultuado pelo grupo Noigrandres, o mestre tem de ser celebrado com fogo e mantido na sua aura de absoluto. Felizmente essa sacralização, sabidamente estratégica, não impede a inteira intimidade com o texto, além da manipulação criativa da problemática desses autores-chave. Campos-Pignatari-Campos, de novo juntos nesse tríduo a Mallarmé, continuam, portanto, umbilicalmente ligados às suas propostas anteriores: planos-piloto de poesia concreta, revisões-estopim do passado-presente brasileiro, ensaísmo denso, alerta, detonante, versões radioativas de textos-chave da *Weltliteratur*.

O presente volume é o exemplo daquilo que afirmamos. Síntese, três tábuas de um para-vento, reúne o contraponto de simpatias e diferenças dos três temperamentos. Das explorações fisiognomônicas de Augusto de Campos nas poesias, 1865-95 do Bardo às pegadas trifendidas do Fauno acuado por Décio Pignatari, à fria copa diamantina dos dados de Haroldo de Campos, o leque de soluções é complexo, rico, efusivamente apoiado pela ensaística e hermenêutica de introduções, comentários e glosas.

Abrindo o volume, Augusto de Campos, assimila à sua experiência recriadora aquela do simbolista Maranhão Sobrinho (1879-1916), com quem se encontrou no *Panorama do movimento [simbolista] brasileiro* de Andrade Muricy (na edição de 1973, às pp. 779-86) e que ele recrutou entre os inventores retirantes da Terra Papagallorum oficial. Somente após transcrever o soneto "Interlunar" do maranhense (rara evocação dos olhos do Vate Incomparável com cenário e figurantes de Odilon Redon) e depois de erigir o texto-montagem Estefânio Maranhão Mallarmé Sobrinho, dá o antologista partida para a série de versões — 22 ao todo — que recriou do "segundo ao penúltimo Mallarmé".

Conforme o próprio testemunho, agiu ele em relação ao material que transcrevia de modo desejadamente livre:

> Dei especial atenção, nas traduções, aos jogos vocabulares da poesia de Mallarmé — paronomásias, assonâncias, aliterações — nos quais a rima tem posição de destaque. [...] Não hesitei em chegar a soluções extremadas, que, embora inexistentes por vezes num trecho particular do original, parecem-me justificar-se plenamente dentro da poética mallarmaica. [...] Explorações de fisionomia funcional detonadas pela explosão rímica. [...] Um Mallarmé revisto pela semiótica concreta? Talvez. Mas que o poeta de *Pe-NUL--tième* e o demônio da analogia autorizam.

Interessante seria, aliás, comparar a sua firme transliberdade recriativa à tradicionalidade ciosa e elegante de Onestaldo de Pennafort, neossimbolista que também verteu *L'Azur* e *Brise marine*.

Já o partido de Décio Pignatari diante de *L'Après-midi d'un faune* é o despojamento complexamente didático, "conquista do impreciso na linguagem poética", "aproximação gradativa" do texto. "Esta proposta de tradução pretende, em sua antieconomia, ser ao mesmo tempo livre e literal, resultando numa *tridução*: três versos para cada verso mallarmaico; livre, enquanto deixa escapar, num verso, esta ou outra informação; literal, enquanto tenta captar, sem o conseguir, em cada três versos, as informações embutidas num só do original"; "tridução não econômica, a três por um, como convém humilde homenagear o Mestre-Inventor".

Desafiando entropia e diluição na "antiestocástica de um poema", Pignatari propõe-se conseguir equilíbrio instável e a seu modo heroico: o lado avesso da tradução porque

> toda tradução implica metalinguagem, ao nível da criação — intrametalinguagem: não toca apenas o objeto traduzível, mas a natureza do próprio signo. [...] Não busca, óbvio, resolver um impasse insolúvel, ao contrário, busca acentuá-lo, fazê-lo render, pois que aí, nesse interstício, talvez possa ser sugerido, sensivelmente, o *quid* da intraduzibilidade — ou "regenerá-lo" esparsamente.

A tradução, enquanto busca frustrada e só assim válida, luta com o serafim que impõe uma brasa ardente sobre o nosso lábio.

Coerentemente, esse *Mallarmé* se completa com o momento máximo da obra do Bardo Navegante e de toda a poesia do século XIX, *Um lance de dados*, aqui fruto de meditada reelaboração de Haroldo de Campos. Impossível discorrer, mesmo brevemente, ao longo desse complexo e fugidio universo mítico, ao mesmo tempo cosmogonia intelectual e síntese não discursiva, em que as situações supremas e as tensões entre elas são indicadas numa sequência frouxa, mas nem por isso menos unívoca.

Nas *Preliminares*, com o texto português do poema (o francês vem em anexo ao volume, em separata, já que a espraiada disposição tipográfica impede a contiguidade vigente nas partes anteriores), Haroldo de Campos consegue façanha única: através de Escólios/Escolhos meramente eruditos, expõe, discute e decide — de modo emocionante — os passos, os temas e os motivos da obra, por ele recolocados no alto-forno de uma recriação apaixonada. Conforme a eloquente expressão de Antônio Vieira, antes mesmo de propor o xadrez de estrelas do texto mallarmeano em toda a sua abissal problemática — noite e pedraria —, o tradutor discute-o no nível racional. Antitética preparação do poema propriamente dito, ela consegue organizar, através da imersão discursiva e analítica, um ensaio do mergulho-talvez-naufrágio no pélago constelado do Lance propriamente dito. Esse Lance, que Haroldo de Campos tenta aproximar verbalmente "como um oximoro supremo, suspenso entre o JAMAIS e o NADA, no fio vibratório de um TALVEZ".

Um apêndice recolhe artigos dos irmãos Campos sobre o tema mallarmeano. Mas o volume conta ainda com as intervenções breves, mas marcantes, de Ertos Albino de Sousa e Maria Cecília Machado de Barros, com seus programas eletrônicos em louvor do mestre. À última (em colaboração com Décio Pignatari) deve-se a capa, a que já nos referimos. Azul-ferrete espargida de pontos brancos, de óbvia temperatura simbólica, tem o nome do poeta, galáxia noturna, ortogonalmente escrito cinco vezes em "ponto de cruz", a quinta em meio ao retângulo formado pelos quatro outros. A partir de uma foto de 1878 a mesma Cecília de Barros recuperou, dentro de espírito idêntico, um "retrato em tabuleiro de jogo" do Bardo. As linhas de força e sombra do rosto se geometrizam ludicamente, como nos jogos outrora das seções dominicais nas folhas: um entrefechar de olhos devolve a imagem mondrianizada do poeta. Imagem que aliás vai servir de marca para as diferentes seções do livro e de emblema gráfico à própria edição. Vale como a agressiva radiografia de uma obra proposta como partida de xadrez: rigor e invenção.

O último elemento do volume é o poema visual de Ertos

Albino de Sousa, "Le Tombeau de Mallarmé", "*variações gráficas executadas por meio de computador*". Ertos joga com a representação simplificada dos elementos que compõem o túmulo do mestre em Samoreau (urna sustida por fuste de coluna) e que, através de foto de Pignatari, integra a iconografia do volume. Com as letras que irão formando o nome do poeta, o computador reduz geometricamente o fuste a perfil de estela, a urna a perfil de jarro; enquanto isso, através de gráficos sucessivos, o Nome — *Mallarmé* — vai recuperando uma após outra todas as suas letras. Operação outra vez lírica e lúdica, o aparecimento de consoantes e vogais que vagarosamente vão compondo o nome do Bardo de um gráfico para outro permitirá o ressurgimento cristalizado de células de significação até aí dispersas no todo: MAL, LARME, AMER, ARME, ARMEE. No fluxo contínuo da série de dez gráficos que compõe o poema ver-se-á pouco a pouco a lápide-estela ser acolhida no interior da urna/vaso; esta duplamente então se torna "ânfora", a *cinéraire amphore* do soneto... Poderosa homenagem às cinzas de Mallarmé em forma de um problema de física ("que trata da distribuição de temperatura em uma tubulação de seção quadrada dentro de outra tubulação também quadrada"), o poema de Ertos Albino de Sousa possui vibração própria.

Merece referência o material iconográfico restante que valoriza o volume mesmo quando aí consta com função apenas alusiva, biográfica ou mitológica (o carvão de Whistler, o *portrait--charge* de Luque, a foto de Méry Laurent). Um reparo, apenas, quanto à bela litografia de Odilon Redon reproduzida, "em sua torção de sereia", às páginas 114 e 148. Ao contrário do que se pensa, essa imagem perturbadora não foi publicada pela primeira vez por R. Greer Cohn em 1966. Com as companheiras — a cabeça de menino atrás de arquitrave coroada de meteoritos; busto de mulher entre dois dados, um despenhando-se, outro em repouso — havia sido ela anteriormente divulgada na edição de

1913 de *Odilon Redon: Œuvre graphique complet* (Haia: Artz & Dubois, [s.d.]). Nesse catálogo exemplar, organizado por André Mellerio, comparecem as três visões em pauta — ali catalogadas como "provas litográficas sem título" — e com a data de 1900 (*Sereia* é M. 188). Fato fácil de confirmar através da edição corrente de *The Graphic Work of Odilon Redon* (Nova York: Dover, 1969), álbum onde as três estampas, aí com os números 162, 163 e 164, continuam inidentificadas e sem a conotação mallarmeana que seria urgente lhes apor.

OFERTA (CIFRADA)

Manhã dos anos 1960. O leitor ainda bêbado (fremia de entusiasmo) comparece à casa do escritor, trazendo: uma carta, "modelo de insignificância", mas da mão mesma do Bardo. Manuscrito arrancado à noite ao mesmo tempo que mensagem na garrafa — sem a garrafa. Presente: imperial. (*Agréez* etc.) A quem no Brasil melhor o merecia. Pluma solitária perdida. A salvo. Reintegrada.

1976

OFERTA DECIFRADA

Alexandre Eulalio já desaparecido, eu às voltas com a organização de seus textos para futuras edições, resolvi indagar Haroldo de Campos sobre a "oferta (cifrada)" na resenha apaixonada que ele havia dedicado ao Mallarmé do trio concretista.

Haroldo, entre divertido e ainda pasmo, lembrava-se vagamente da doação intempestiva. Já Augusto de Campos afirma que Alexandre Eulalio levou a carta autógrafa de Mallarmé à sua casa e que ela suscitou imediatamente o interesse de Décio Pignatari.

Nosso autor a havia subtraído a um milionário, em cuja casa passara a noite em altas libações. A justificativa do Robin Hood das letras para o seu ato justiceiro era que o dono expropriado mal sabia da existência ilustre do Bardo. Estava salva a "pluma solitária".

A modesta cartinha do genial poeta é o pungente testemunho da aflição vivida pelos franceses durante a invasão do seu país, em plena guerra franco-prussiana. Mallarmé vivia em Avinhão, enquanto sua amiga e tutora Fanny restara em Auteil, localidade bem mais próxima do teatro de guerra. O poeta, na "insignificância" de sua rotina meramente humana, não deixou de participar do "luto inconsolável" que afligiu a França e os amigos da civilização francesa naqueles anos terríveis.

Avignon, 8 Portail Matheron
Dimanche Fevrier 1871

Ma bonne Fanny,
Vous savez si nous avons tremblé pour vous pendant le siège! – Vous étiez, disions-nous pendant les premiers mois, exposée plus que personne, au milieu de cet Auteuil que

la rumeur vouait aux principaux malheurs. Il n'en a rien été. Nous aurions dû vous dire, de suite, notre soulagement ! Pardonnez à ce que j'ai eu moi-même, à ce moment où mon coeur perdait son angoisse, d'insurmontables tracas qui me contraignaient à des lettres différentes.

Voyons, ma pauvre amie,

avant que je vous annonce la presque possibilité d'un projet qui nous sourirait (à vous et à moi), et après un bon baiser d'autrefois, que vous donnerez, tout-à-l'heure, à votre bon père; comment êtes-vous, chers délaissés, cherchant dans les yeux l'un de l'autre les souvenirs qui y gîsent, et, peut-être, vous cachant certains regards ! Ah ! Je l'ai, moi-même, bien des fois subi, notre deuil inconsolable.

Chère amie, ce qui pourrait peut-être nous faire un peu de bien, le voici : un des mes bons camarades me laisse entrevoir qu'il s'occupe d'une position pour moi à Paris...

Je ne vous presse donc pas définitivement les mains. Au revoir. Marie, qui promet un frère ou une soeur à Geneviève; celle--ci, grandellete et mignonne, se joignent pour leur affection et des caresses que vous partagerez avec le cher père

à votre

Stéphane Mallarmé.

A tradução:

Avinhão, Portal Matheron, 8
Domingo Fevereiro 1871

Minha boa Fanny,
Você pode imaginar como sofremos por você durante o cerco! — Você estava, nós nos dizíamos, mais do que exposta nos primeiros meses, no meio dessa Auteuil onde os rumores anunciavam grandes desgraças. Nada aconteceu. Devíamos ter manifestado, de imediato, nosso alívio! Perdoe-me e atribua meu comportamento ao fato de que, no momento em que meu coração livrava-se da angústia, tive de me haver com enormes preocupações, que me conduziram a cartas bem diferentes.

Pois me diga, minha pobre amiga, antes do anúncio da quase possibilidade de um projeto que nos agradará (a você e a mim), e após um bom beijo à antiga, que você dará agora mesmo no seu pai: como vão vocês, meus caros abandonados, buscando nos olhos uns dos outros as lembranças que aí repousam, e, talvez, escondendo certos olhares? Ah! Eu mesmo senti, muitas vezes, nosso luto inconsolável.

Mas eis aqui, cara amiga, algo que poderá nos fazer algum bem: um dos meus bons camaradas me insinua que está à procura de um emprego para mim em Paris...

Não me despeço, portanto, em definitivo. Até mais ver. Marie, que promete um irmão ou uma irmã a Geneviève; esta sim, grandona e bonitinha se junta a nós no afeto e carinho que você compartilhará com o seu querido pai

seu

Stéphane Mallarmé.

A destinatária da carta parece ser Fanny Dubois Davesnes, irmã do dramaturgo e diretor de teatro Charles Dubois Davesnes. Escultora de prestígio, habitante da aristocrática Passy-Auteuil, era quase uma parente ("presque une parente"), que ensinou o jovem Mallarmé a ler, aproximou-o das artes visuais e recebeu seus primeiros poemas. Eis o poema-homenagem, que dedicou "à boa amiga":

> *Ma chère Fanny*
> *Ma bonne amie*
> *Je te promets d'être sage*
> *À tout âge*
> *Et de toujours t'aimer.*
> *Stéphane Mallarmé.*

A cartinha íntima antecipa dois acontecimentos marcantes na vida do poeta nesse ano de 1871: sua nomeação para ensinar inglês no Liceu Fontanes (atual Condorcet), o que lhe possibilitou a mudança a Paris, onde estaria mais perto de Auteuil e de Fanny ("ce qui pourrait peut-être nous faire un peu de bien"); e o nascimento de seu filho Anatole, que não sobreviveria aos seus oito anos. Em Paris, a partir de 1884, Mallarmé conquistará gradativamente o prestígio artístico e intelectual que o consagraria.

Carlos Augusto Calil

O lugar de Brito Broca

O lugar que Brito Broca ocupou na literatura brasileira foi de certa forma único. Pesquisador por vocação, encaminhou-se naturalmente da divulgação jornalística para a erudição genuína: transformou assim instintivamente a curiosidade virtual (que o havia levado desde cedo às primeiras leituras de artigos nas enciclopédias) na pesquisa cada vez mais aprofundada e absorvente da realidade cultural brasileira, passada e presente. O mais autêntico fervor pelas letras alimentava essa pulsão, nuclear nele. A verdade luminosa dos vicários paraísos alcançados no absoluto das leituras inaugurais, terra verde continuamente pisada pelo adolescente afoito, desde então clima buscado em cada livro que lia, pouco a pouco desabrochou em espírito crítico e vivência profunda do devir histórico, que acabariam por se tornar, gravados a seco, marca secreta da própria escrita dele.

A intensidade desse relacionamento com a literatura, banhado de ironia e anticonformismo pelo sucessivo aprendizado das decepções, marca o itinerário desse autodidata que procurou sistematizar e interpretar, do interior, o quadro da evolução cultural brasileira. Nela buscou o obscuro relacionamento concreto que tinha lugar entre o cotidiano, sempre mesquinho, mesmo se pitoresco, da vida literária e o voo livre da criação. Realizou assim, com o vigor que motivava um imaginário solidamente amparado pelo conhecimento, de primeira e segunda mão, das grandes literaturas, esse mapa indispensável da realidade menor contígua ao criador e do diálogo, nem sempre sutil, estabelecido entre ambos. Território que era necessário conhecer com intimidade total a fim de concretamente poder se recolocar em situação uma época e outra época e a sucessão das épocas. Para isso usou seja do talento e técnicas jornalísticas quanto de critérios do ensaísmo, aplicando ora a divagadora curiosidade do viajante disponível, ora a preocupação classificatória do botânico herborizando no campo. E desse modo pôde realizar um programa coerente de pesquisas, anterior à sistematização dos trabalhos universitários na área: assim desbastou, com método, conhecimento e superior inteligência, essa região onde poucos se arriscavam e onde ninguém como ele conseguiu definir limites com maior nitidez.

Escritor autêntico, além dos livros que publicou, Brito Broca deixaria dispersa, em anos seguidos de colaboração na imprensa, obra valiosa, variada, de fatura invejável mesmo nos escritos secundários, servida sempre pela vivacidade atilada de um espírito inquieto. Depois da primeira aprendizagem na província — em Guaratinguetá, Vale do Paraíba paulista, onde nasceu em 1904, permanecerá até concluir a Escola Normal — Brito, recém-transferido para São Paulo — depois de uma aventura antioligárquica que lhe valeu o "exílio" na cidade grande —, logo se engaja na imprensa da capital do estado, conseguindo ingressar enquanto colaborador efetivo na redação de uma grande folha. Repórter, depois cronista de *A Gazeta*, escreve, ao lado do trabalho rotineiro da redação, "manchas e impressões" que encabeçam a coluna mundana, além de outras páginas assinadas Lauro Rosas — heterônimo crepuscular em breve substituído pelo seu reverso, Alceste: um Alceste se não propriamente misantrópico pelo menos questionador, cujos comentários gerais, vazados com grande finura, logo alcançam, nesses anos de 1930 e 40, o mais vivo favor nos mais diversos meios. A experiência definitiva na redação paulistana, aliada a um sempre maior interesse pela literatura brasileira, sobre a qual publica pesquisas e comentários, faz germinar nele o projeto de um trabalho orgânico de maior fôlego; inicia então a recolta do material sobre literatura e vida literária entre nós, tema em que se torna especialista insuperável.

Apenas em 1938, a convite de Genolino Amado, então reorganizando a Agência Nacional, transfere-se para o Rio de Janeiro, onde passa a trabalhar na sucursal de *A Gazeta* e, mais tarde, na divisão de publicidade da Livraria José Olympio. Dessa época em diante pôde dedicar-se de maneira exclusiva ao jornalismo literário, vindo a ocupar postos-chave em redações de suplementos e revistas especializados, entre outros *A Gazeta*, *Cultura Política*, *Letras & Artes*, *Jornal de Letras*, *Correio da Manhã*, finalmente na *Revista do Livro*; sua colaboração, sob a forma de artigos e reportagens, estende-se praticamente pelas mais importantes publicações literárias do país entre 1940 e 1960, quando, naquela primeira data, o seu nome já se torna familiar e se impõe a todas as rodas letradas.

Contando com material de interesse para formar vários volumes já ao tempo da sua transferência para o Rio, Brito Broca apenas em 1944 viu o seu nome em capa de livro. Era este, aliás, quase uma plaquete: *Americanos*, editado em Curitiba, pela Guaíra, na série Caderno Azul. Doze anos mais tarde viria a lume *A vida literária no Brasil: 1900*, que deveria constituir a terceira tábua de seu ambicioso políptico histórico-literário, volume precedido de pouco pela breve biografia de Raul Pompeia, encomendada por uma coleção semididática infantojuvenil. À sombra do êxito excepcional do seu grande painel sobre a belle époque literária nativa, logo laureado por quatro prêmios de importância, surgiram no ano seguinte (1957) *Horas de leitura* e *Machado de Assis e a política* e *Outros estudos*, coletâneas que iniciavam a reunião do ensaísmo do autor esparso em jornais e revistas. Brito Broca ainda organizaria uma terceira antologia de si mesmo, *Pontos de referência*, que contudo não chegou a ver impressa: faleceria repentinamente, investido por um automóvel que atravessava em alta velocidade a madrugada da Praia do Flamengo, em 20 de agosto de 1961, e o volume sairia do prelo apenas no ano seguinte. O autor deixara em fase adiantada de organização mais duas obras: *A vida literária no Brasil: Época modernista* (original que se extraviou, dele restando entre os seus papéis alguns capítulos na versão final do ensaísta) e *Quando havia província*, livro de reminiscências. O último carinhosamente restaurado e recuperado por Francisco de Assis Barbosa — que completou a parte estabelecida por Brito com textos esparsos, anteriormente divulgados como fragmentos autônomos pelo autor — apareceria em 1968 com o título (algo impessoal) de *Memórias*. Ainda à dedicação de Francisco de Assis Barbosa à figura do amigo e conterrâneo devemos também a publicação, em 1966, do volume *Letras francesas*, reunião dos artigos que Brito Broca divulgou no Suplemento Literário d'*O Estado de S. Paulo* entre 1956 e a data da sua morte. Primeira das obras de Brito postumamente organizadas, esse livro de leitura envolvente não apenas confirmava a garra do escritor na sua intransferível capacidade de dialogar com o leitor, como tornava urgente o interesse de prosseguir a coleta dos esparsos. O plano, longamente acalentado, dessas *Obras reunidas* que agora se tornam realidade virá assim trazer ao alcance do leitor — junto com as achegas preciosas, fruto de pesquisa continuada, e as interpretações perspicazes e iluminantes que a ele devemos — um autor de personalidade própria e extremamente sedutor na sua escrita.

Dentro do nosso panorama cultural, Brito escolheu esboçar a história, visível e palpável, da vida literária. E vida literária tanto no seu aspecto mais imediato de usos e costumes das rodas de escritores, mesas de café e salões mundanos, como na vertente mais abstrata das modas estéticas, das famílias espirituais, dos modos de ver e sentir, do indivíduo e do grupo. Para isso dispunha de formação sólida e do conhecimento minucioso das épocas a que se referia. Junte-se a tanto a vivência em profundidade da literatura, que repensava através das suas experiências pessoais nesse domínio e ainda o bom senso e o bom gosto desenvolvidos pelas infinitas horas de leitura, iniciadas ainda antes da adolescência e jamais interrompidas.

A sua vocação profunda de historiador das ideias, da cultura e da mentalidade literárias no Brasil teria sem dúvida que tropeçar na vida atribulada de jornalista profissional e no autodidatismo, que foi regra na geração dele. Nem por isto deixou obra menos decisiva, cuja importância poderá ser avaliada na sua verdadeira transcendência quando reunida em volume. Seja pela variedade, qualidade e abundância, seja pela assombrosa pesquisa original que encerra, e ainda pela visão de conjunto fina e equilibrada da evolução das nossas letras, constituirá uma autêntica surpresa, mesmo para os críticos mais céticos e exigentes.

Nada mais difícil do que falar sem agudos sentimentais do amigo que se conheceu muito e do qual conservamos não sei quantas efígies simultâneas, todas expressivas e indispensáveis. Como num filme em que, de repente, as imagens disparam, subindo umas por cima das outras, as lembranças também se disputam a precedência, de modo confuso e toldado. É quase impossível escolher quais desses fotogramas valeria a pena revelar, no preto e branco da cópia fosca.

Vinte diferentes Britos Brocas parecem acorrer, mas na verdade agora se recusam, a uma evocação metódica da sua presença. Por isto aceito como representativa e cheia de significação certa imagem evanescente com a qual de súbito me encontrei em sonho, uns tantos meses depois da morte dele. Era no Instituto do Livro, quando o instituto ainda funcionava naquele quarto andar meio misterioso da Biblioteca Nacional do Rio de Janeiro. Era no instituto, à tarde, mas, como num espelho, a imagem dos objetos aí se refletia às avessas. Estou bem lembrado dos pormenores: as estantes de aço da seção de publicações, sabe-se lá por quê, encontravam-se do lado onde na verdade deviam estar o gabinete do diretor e a recepção. Vinha eu do canto onde ficavam os redatores da *Revista do Livro*, quando surpreso, mas sem espanto, como é de regra nesses casos — dei com o Brito entre as estantes, mexendo nos livros das prateleiras verdes.

Não é necessário explicar que os leitores impenitentes lotados naquela diretoria do MEC, em todos os momentos de folga, tratavam de penetrar nos atalhos da floresta, onde, lado a lado, davam boa sombra enciclopédias, edições críticas, clássicos gregos e latinos, bibliografias, repertórios críticos. Cafarnaum glorioso, os canteiros dessa biblioteca de referência eram preciosos; indispensável portanto cultivá-los com método e carinho. Impossível também não voltar dali com qualquer descoberta notável, que daria para alimentar o vício durante a próxima semana.

Mas a província do sonho tem as suas leis, a sua lógica. A consciência premente de que tudo aquilo era fumaça já se ia dissipando, soprada pelo desejo cada vez mais imperioso de que o encontro inesperado fosse outra vez realidade. Esse querer intenso demais por fim acabava vencendo a sensação de irrealidade. Acabávamos por aceitar a geografia diferente das estantes, porque pressentíamos ser necessário prolongar o mais possível a cena que estava tendo lugar; urgia, pois, fixá-la de uma vez por todas no curso dos acontecimentos, passado acontecido, a fim de a tornar irreversível, definitiva, impossível de já agora ser cancelada.

Em meio a essa atmosfera obscura de pressentimentos e suposições, achando que tinha de dizer alguma coisa, mas sem saber nem poder escolher as palavras, escapou de mim um desajeitado "Ô Brito, que saudade", que ouvi com espanto e desgosto articulado pela minha própria voz. A frase, que de mal amarrada se mandou (arreganho besta!), absolutamente fora das regras da nossa convivência, deixou este mineiro tão sem graça que Brito meio se riu de lado, franzindo a boca, num jeito dele, a ironia alerta cintilando outra vez no olhar. Completou o aceno esboçado com outro meio gesto da mão esquerda, de quem já estava saindo, e lá se foi pelo corredor, ao longo das estantes, no passo satisfeito de quem ia por conta do próximo artigo, já armado no estaleiro. E o sonho acabou assim como estou contando, sem alegoria nem pirueta.

Essa memória póstuma não entra aqui por mera literatice sentimental: é mais ambiciosa e ingênua. Nas suas linhas tortas vêm como que a síntese do amigo, as suas diversas estratificações pessoais. Os livros, o sarcasmo vigilante mas humanizado (tinha horror às expansões), atenção integralmente voltada para o trabalho dele, que afinal era pesquisa de si mesmo, empenhada e cheia de paixão — cujo interesse profundo continua a existir em relação direta com a humanidade do escritor, que transformava a menor coisa que tocava com o seu calor entusiástico.

Trinta anos de jornalismo que é literatura de boa água, essa obra até agora dispersa abrange planos diversos. Da reportagem e da entrevista literária vai ao levantamento crítico e ao ensaio de interpretação, passando pelas notas de viagem, os comentários do seu alter ego Alceste, os apontamentos sobre literatura francesa, a *marginália* satírica e confessional, os prefácios eruditos ou sarcásticos, as comovidas memórias. Tudo isto concebido numa linguagem clara, fluente, ao mesmo tempo despretensiosa e elegante, cheia de vibração, que nos melhores momentos transmite em cheio a admirável personalidade do escritor. Tudo isto o leitor terá a oportunidade de confirmar pessoalmente nos diversos volumes das *Obras reunidas*, que começam a aparecer com *Românticos, pré-românticos, ultrarromânticos*. A preparação e organização dos sucessivos volumes* devolveu-me mais nítida do que sempre tal certeza. Por isto não posso senão reafirmar, sem ênfase de nenhuma espécie, o que antes dizia: o lugar que Brito Broca ocupa na literatura brasileira é de certa forma único.

Eis a razão pela qual ele atravessava tão seguro e tão calmo aquele corredor de sonho.

1965-79

---

* Alexandre Eulalio não esmoreceu diante da tarefa ciclópica de organizar, selecionar e publicar os textos do mestre "sem pretensão". Fez publicar em vida, além de *Românticos, pré-românticos* e *ultrarromânticos* que é de 1979, outros dois volumes, como esse tão rigorosa e amorosamente moldados: *Ensaios da mão canhestra* (1981) e *Machado de Assis e a política* (1983).

Fiel à sua vocação de "editor literário", o discípulo de Brito Broca de tudo se ocupava — da atribuição percuciente do título à aglutinação dos textos em capítulos, das notas bibliográficas à escolha do prefaciador ilustre, da vinheta da capa à pesquisa (em contexto) da família de letras.

A morte de Alexandre Eulalio em 1988 interrompeu brevemente o projeto de publicação das *Obras reunidas* de Brito Broca. A Unicamp retomou a empresa em 1991, aproveitando-se do exaustivo levantamento e das precisas indicações deixadas pelo seu ex-professor, muito consciente que era da "fragilidade inevitável (senão inerente) ao ofício de compilador".

Savinio, desconhecido

Giorgio De Chirico faz parte, de modo definitivo, da cultura do nosso tempo. Para André Breton (que com ele viria a romper em 1926), o pintor de *O enigma da hora* aparece mesmo como "um dos fundadores do mito moderno". Tal afirmação data de 1937, época em que o pontífice e o heresiarca do Movimento Surrealista trocavam animadamente insultos e projéteis para feroz alegria dos circunstantes. Esse pormenor interessa pois testemunha a importância das telas inaugurais do italiano, que conseguiam, um instante que fosse, fazer cessar insanáveis controvérsias de intelectuais. Já o irmão menor de Giorgio, Andrea De Chirico — em arte Alberto Savinio —, apesar das variadas atividades artísticas que empreendeu, não alcançaria nem o prestígio nem a nomeada do mano — embora Breton, de caso pensado, afirmasse naquele mesmo texto que Savinio dividia com o mano mais velho o primado da suposta instauração do "mito moderno". Compositor, homem de letras e artista plástico que desfilava por entre as artes como um turista na paisagem —, talento tão "dispersivo" só podia inspirar reserva. Mesmo na Itália, apenas nos últimos dez anos começou a revalorização da obra literária extremamente pessoal de Alberto Savinio, cuja ressonância se prolongava na pintura e na música de que ele era autor. Conforme sempre acontece, era bem mais fácil rotulá-lo como um diletante de excessivo talento, perdido no emaranhado das suas próprias virtualidades, do que definir com maior precisão aquilo que buscava e aquilo que conseguira realizar o artista.

Andrea De Chirico nasceu em Atenas em 1891, três anos mais moço que Giorgio, o qual, por sua vez, veio ao mundo em Volos, capital da Tessália, diante do mar cor de vinho de que fala Homero. À sonolenta Grécia de Jorge I o engenheiro Evaristo De Chirico havia sido levado por um acaso profissional: a construção de uma estrada de ferro. Os dois filhos dele, no entanto, impregnaram-se da atmosfera do país e do espírito da cultura clássica, que irão ferir as obras de um e outro. A descoberta da cultura centro-europeia marca, em seguida, o novo salto: órfãos de pai em 1905, passam três anos em Munique, onde prosseguem o respectivo aprendizado de pintura e música. Em 1910, Savinio já se encontra na capital francesa, onde convive com a vanguarda artística e assiste à afirmação definitiva do nome de Giorgio. Publica então em *Les Soirées de Paris*, revista que Apollinaire dirige, uma peça onde aparecem, tecidos num simbolismo abstratizante, manequins, torres, canhões, estátuas equestres, praças desertas, locomotivas, que povoam o silêncio das telas do irmão. Esse repertório comum, que adquire inegável ar de família, vai permanecer até o fim da vida de ambos na obra de cada um, tratado de modo diverso e sem prejuízo das respectivas personalidades.

A partir daí a atividade criadora de Alberto Savinio torna-se prodigiosa. Em 1927, estreia publicamente como pintor. As telas dele *Na floresta*, *Manhã alfabética*, *Os progenitores*, *O sono da deusa* — afastam-se das do irmão pelo grafismo nervoso e recortado.

Compõe óperas e bailados de marca stravinskiana — *A morte de Níobe*, *Baladas das estações*, *Vida do homem*. O ficcionista de *Casa "La Vita"*, *Escuto o teu coração*, *Cidade*, *O cantinho*, *Vida de fantasmas*, integra como elementos da própria obra andaimes e ligaduras que acentuam, com ironia, a atmosfera ilusionística com que envolve personagens e ação. O memorialismo de caráter alusivo e transposto dos quadros dele agora ocupa o interesse narrativo do escritor, que publica, nessa trilha, *Infância de Nivásio Docemar* (Nivásio: anagrama de Savinio), *Meus pais* e *A vida por inteiro*. Neles, com irresistível invenção verbal herói-cômica, reconstrói o mundo mágico da infância com uma pungente inventiva. A sua prosa desdobra-se em fantasias associativas visitadas por um humorismo feroz, que, numa escrita a várias vozes, assume a própria coerência, além da aparente gratuidade. A cultura clássica desse grego ocasional moderava, no sentido de determinada sobriedade de fundo estoico, as efusões de um temperamento no qual Emilio Cecchi reconheceu a veia iluminística do educador. Por detrás da evidente facilidade compositiva, do prazer da improvisação, do mordente de certa fantasia ao mesmo tempo caprichosa e precisa, Cecchi reconhece a marca setecentista de um Restif de la Bretonne e de um Jacques Cazotte, além de curiosas ressonâncias metastasianas, transcritas e glosadas "em estilo pós-impressionista ou cubista".

Eis um escritor cuja surpreendente inventiva lírica de privilegiado narrador e estilista haveria de constituir autêntica descoberta para o público brasileiro, da mesma forma que vem representando para o italiano o reencontro de um delicioso autor "desconhecido".

1979

Charters de Almeida: praticáveis para a utopia

Janelas para paisagens imaginárias, janela espaço, janela de memórias, paisagens... Charters de Almeida olha em torno de si, tateando os nós que amarram o real das formas, a fim de nos fazer ver, colocados mais tarde nas relações essenciais que os norteiam, os recortes rigorosos e líricos da sua escultura.

Escultura que agora toma da placa, lisa, superfície espelhante de metal dourado, e a considera, apalpa, examina. Superfície brunida, luzidia, de uma planeza definitiva, que o artista em seguida golpeia, certeiro. E o risco límpido que a fende, antes leve e casto grafismo, torna-se ranhura e glifo, sulco e estria. Teve lugar a passagem do perfil desenhado à flor da chapa metálica ao talho no fundo, incisura definitiva, que estabeleceu nítida separação de territórios.

Na vibração luminosa da lâmina, que pode ofuscar se ferida pelo sol, acontece então o inesperado desdobrar-se do plano; a antiga superfície una vai se reorganizar, em outra função, enquanto encaixe e recorte que se complementam. Nasce o movimento, com um leve rangido: o desenho desfez-se num entalhe e se articula, se coaduna, em outra relação de conjunto. Gira sobre si mesmo, iniciando percurso de revolução; recortou-se, definitiva, a passagem secreta que nos permite a travessia. Uma viagem através do espelho de metal, onde a criatividade, nova Alice, permite-se dialogar e inquirir o lado de lá do espelho, o dentro e avesso da superfície.

A dinâmica que parece presidir tal movimento deve ter perseguido um itinerário semelhante a este (hipótese): o desenho — admiráveis desenhos do autor, dos quais vemos diversos exemplos de poderoso grafismo nessa exposição —, o desenho recorta-se no papel; esse traço forte, que já é potencialmente uma encarva, passa a girar sobre si mesmo, até a latência concreta máxima permitida pelo pino que o fixa e lhe dá a possibilidade máxima de revolta. Não é de todo improvável (hipótese 2) que a técnica da colagem, propondo um relevo seu, real e palpável, à superfície da folha, tenha sugerido semelhante caminho de cisão e movimento, invertendo o itinerário que precedeu, no tempo, a sua existência de papel colado — a descolagem e o seu recortar de um outro contexto. Aquilo que antes era quase imperceptível sombra, relevo mínimo, tornou-se aqui e agora rebaixo fundo. E propôs o surpreendente everter da superfície: o alçapão que se abre debaixo dos pés do observador, e o precipita vertiginosamente em outras paragens.

O elemento de prestidigitação que preside a esse gesto escultórico, de alguma forma ainda mágico, pressupõe disponibilidade irônica e agilidade humorística que a si mesmo decantaram enquanto atitude e existem agora enquanto secreta reserva florestal do artista. O salto prodigioso que, ao rufar de tambores, ele executa para a "paisagem", nada menos que rasgando janelas nas superfícies — e a etimologia miniporta desse étimo confirma o conceito de passagem praticável, promessa diferente de itinerário — o salto configura na verdade relevante mudança qualitativa. Chamou a Charters de Almeida o crítico de Brasília Airton Garcia de Lima "saltimbanco da paisagem", apontando, com agudez, certo traço chapliniano da sua arte, que é deveras movimento e mímica desenvolvida no campo da escultura. Traço que permite o autor de *Esdrúxulo* — livro que escreveu e desenhou em 1976 (esse título já é um espelho convexo de bolso) —, em meio às propostas de todo sérias e mesmo graves a que se propôs, pintar em nanquim, por sobre a lente direita dos óculos, na própria foto reproduzida no catálogo, uma intervenção gráfica que possui a pertinência impertinente dos seus irresistíveis grafismos.

Mas semelhante ao jogo, da melhor qualidade imaginativa, não se poderia permitir existência se o acabamento da peça não ganhasse realidade, enquanto irrepreensível objeto corpóreo. A precisão inteira, matemática, desses múltiplos, constituídos com os encaixes formados por dois ou três elementos, pressupunham, além do poeta, um engenheiro que também fosse ourives. E um ourives, daquele da melhor tradição portuguesa — Manuel Alcino —, assina com Charters de Almeida as peças que um concebe e projeta, e o outro realiza e monta — tanto aquelas em bronze florentino, quanto outras, em prata de lei, muito próximas em espírito e forma das primeiras, mas ligeiramente menores. De uma e outras são tirados quinze exemplares numerados.

Essa ourivengenharia, rigorosa na concepção, exata na execução, domina a técnica e transforma o imbricamento perfeito dos seus elementos numa engrenagem lírica muito bela. Naqueles múltiplos que se permitem o desgarre lúdico de serem ligeiramente assimétricos nessas incisuras, e nos quais os sulcos, de ondulado vário e irregular, engranzam o próprio endentado com espaçamentos mais amplos, tal irregularidade, buscada, corresponde a certos jogos livres de escrita do autor. Essas crenas deixam passar luz ou cor, conforme sejam observadas contra um fundo qualquer ou sustidas na mão, contra a claridade. A maioria, porém, possui fendas unidas e coesas, que permitem, no máximo, perceberem-se o desenho "dos horizontes" que se recortam no céu ainda ou já envolvido por uma relativa escuridão, primeiro motor sugestivo desses perfis talhados em metal.

Quem pela primeira vez retira um desses objetos do estojo onde o recebeu tem em mãos — ou sobre a mesa — uma dracma quadrada; esta, a ser premida pelo observador, que lhe adivinha os gonzos, transforma-se num elemento escultórico em três dimensões. Um objeto que a mão movimenta como melhor lhe parece e lhe permite eriçar a primitiva superfície espalmada, de uma brunidura definitiva, em praticável através do qual se pode olhar além, passar os dedos através, alterar o posicionamento. "Fechados", "em repouso", os múltiplos de Charters de Almeida permanecem no seu "estado de medalha", situação virtual biface, manuseável como anverso e reverso, situações que o não esgotam. Já o seu estado de latência máxima só poderia ser registado por uma trucagem cinematográfica que exibisse, em captação acelerada — espectral como todas elas —, o amplo leque de posições passíveis de serem ocupadas pelos encaixes móveis em revolução.

Entre os dois extremos, o gesto natural em que o observador *lê* o objeto, experimentando — e volta atrás e corrige — ajustá-lo nesta, naquela e naquela outra posturas.

A lâmina de metal, tratada como espelho, cria imediato relacionamento com a ambiência onde ela se encontra. O exterior aí se estampa de forma sucessiva e multiplicada, em tantas cambiantes quanto a angulação daquilo que é refletido na chapa metálica pode variar; confunde portanto os planos do dentro e do fora, de maneira tanto ou mais vertiginosa quanto for o movimento imposto pelo observador à engrenagem da peça. Fugacidade e permanência da imagem perpassam pela superfície, um instante mimetizando a consciência, e reproduzindo em si o fluir perene das formas. Essa especulosidade dentro/fora engloba a si mesma quando os próprios elementos reimbricam-se em si mesmos autorrefletidos.

Charters já havia tentado a superação da imobilidade escultórica em peças anteriores, de 1975-6, realizadas em aço escovado. Já pressupunham essa participação do observador e giravam sobre um pino central. Mas agora o caráter de praticabilidade ganha peso decisivo. Essa experiência pode ser "habitada", assumindo caráter celebrativo e convivial que supera o espírito ainda totêmico, sempre de algum modo solene e intratável, da escultura vista *em si*: não é difícil imaginar essas janelas ampliadas em ingressos como que iniciáticos de grandes parques, arcos comemorativos das quatro estações, portas cerimoniais escancaradas sobre a paisagem, através das quais as pessoas escolhessem passar, deambulando pelo devaneio e pelo lazer. Pois a vocação de monumentalidade, inseparável de qualquer escultura, aqui se encaminha para o convívio do homem, em torno de cuja presença ela se enrosca e rodopia. O próprio título geral de uma das séries anteriores do escultor, aqui representada, os *Grandes envolventes*, não deixa dúvidas a respeito da pesquisa do nosso artista.

Nos *Grandes envolventes* a escultura flui, alongada com uma segurança de gesto livre. Encadeia-se no seu próprio prosseguimento e desenvolve um dinamismo que apenas se exaure quando estancado o ímpeto significante. A lâmina metálica — "ferro com cor", na sintética descrição do artista — recorta-se, denteia-se, vibra, enovela-se, adensa-se, adelgaça-se, manipulando o plano num sinuoso jogo sequencial que anula anverso e reverso, mas pressupõe contudo sutileza e conhecimento de causa do medalhista, que, na palma, sopesa as duas faces antes de redimensioná-la na monumentalidade preguiçosa do seu prolongamento, ironia quase a levantar os ombros.

O percurso desenvolvido no espaço-tempo costura, serpente enodoada, o colear das superfícies. Tem lugar uma decifragem de quipos metálicos, arquivo de arcanos, onde direito e avesso se dissolvem num tempespaço que é atilado surpreender da unidade. Superados os compromissos da linha esse gesto permite a ideia espojar-se em si mesma, num enroscamento de grafito, como é o caso particular da Paisagem, que prefiro chamar *Serpecisne*. O movimento alongado freia-se, *rallentando*, com uma graça que vai sorrir. A manipulação do plano faz-se cenário e dança e fornece o levedo que essa obra, naturalmente voltada para o monumental, está a pedir: realização concreta na sua escala própria.

Em sentido diverso, para-vento da calmaria, e elaboração de filamentos metálicos modulados conduz ao desenvolvimento Janela Espaço; aí fios de aço, numa pluralidade de enquadramentos, modulam o espaço, num rebatimento sucessivo de caixilhos que outros filamentos atravessam, estes levemente encurvados. Um traço gráfico que à precisão acrescenta o espontâneo bem calculado do definitivo.

O interesse abrangente de Charters de Almeida por uma enorme variedade de experimentações culturais fê-lo encadear, numa vivência única, todo um mundo de realizações que acabam por constituir, como os seus múltiplos — e vá isto dito sem triunfalismo nenhum —, uma espécie de portão monumental para a personalidade criadora do artista, temperamento pletórico com alguns veios mesmo de truculência. A medalha levou-o à joia, na evolução natural que é também histórica do gênero; o desenho à pintura de grandes proporções, os azulejos cerâmicos à tapeçaria. Não o intimida também o trabalho, obrigatoriamente elitista, dos metais e pedras preciosas — prata, ouro, platina, diamantes, esmeraldas. Suas joias encaminham-se em várias direções, alguns de ascendência art nouveau, com o uso fascinante de esmalte coalhado e rugoso, de alguma forma laliqueano — pássaros multicores extremamente estilizados e mais formas derivadas do real, livremente recriadas; outras, com idêntica liberdade, manipulam conteúdos da tradição suprarrealista, como certa gaiolinha de ouro de uns oito centímetros onde saltita, livre, uma pérola barroca que tem um rubi engastado, a qual, pérola nesse espaço mágico, ora desfere seu trino rubro ora se cala, sereia-cardeal.

A Charters de Almeida interessam reflexo brilho cor pátina — todos os reflexos, os brilhos todos, todas as pátinas. Sua paixão construtiva encarada enquanto concepção abrangente, intensidade cênica totalizante, levou-o ao teatro dançado, onde criou cenários, figurinos e ambientações marcantes, em 1972, 1973 e 1979 (respectivamente *Night Sound*, *Tekt*, *Dimitriana*), merecendo especial referência as formas projetadas de grafismos para *Tekt*, coligidas num álbum em cores. Aparentemente situada nos antípodas, mas, muito pelo contrário, lindeira àquela experiência, e de certa forma continuando-a, prolongando-a no campo do cotidiano, são as suas intervenções do uso intenso da cor num espaço fabril — uma vasta metalúrgica do Tramagal, para a qual também propôs um jornal da empresa, e por encomenda de quem já escolhera cor para máquinas agrícolas rurais. E assim o nosso artista recorta no papel e no metal, imprime no texto e no filme, faz tecer tapetes, delineia joias, colora arados e tratores com a mesma intensidade com que vive. A intensidade que o torna um artista representativo da sua era. *Cosa tanto più unica che rara.**

Fico a imaginá-lo, com a truculência e a sabedoria da raça rija dele, pálido Vasco a arder de febre debaixo dos metais do cosmo que, para ele apenas, parece desdobrar noite e pedraria, e que vai registando, num portulano luminoso, as feitorias onde, em sempre novos litorais sucessivos, capitão de longa rota, lança os seus dados, a perseguir, aventura solitária, o calafrio da criação. Essas Índias são a viagem que não passa. E de súbito, ao forçar passagem pelo interior da matéria, o navegante desadormece o metal, empreendendo viagem além do espelho que recorta a horizontalidade do gesto. E o artista inventa no meio da noite a sequência alternada de janelas que se escancaram para o movimento livre e o novo gesto — praticáveis que dizem para o Imaginário onde o movimento em repouso, liberado, solapa a horizontalidade. Criando superfícies onde há lugar para a dança e para o trabalho onde, de uma vez por todas, vai se poder transitar livremente, pois germinam essência utópica esses portões que se abrem para.

Alexandre Eulalio

1981

---

* "Coisa tão mais única que rara."

A poesia da função

Desceram num palacete da avenida Angélica. Quando o auto penetrou no parque, viram os salões iluminados. Sara acorreu ao hall aos gritinhos: "Bravos! Adivinharam que hoje eu tinha um prato sensacional: o grande arquiteto Verger! Venha ver, Santa, o homem é um número!". E, no meio de mais de uma dúzia de homens e mulheres, apontou para um latagão alto, de longos cabelos grisalhos, que palestrava lampeiro com duas senhoras tendo um copo de uísque na mão.

— Eu explicava — continuou ele num francês sinuoso e musical depois de apertar a mão de d. Santa, que Sara lhe apresentou —, eu explicava que a casa é, hoje, apenas uma máquina; a máquina de morar. Há um conceito radicalmente novo na concepção de toda a arquitetura o qual obedece à revolução econômica e espiritual que se opera no mundo. No século da velocidade e da utilidade tudo deve ser funcional e útil: o espaço e a forma e o que ontem considerávamos como ornamental hoje deve exprimir eficiência.

D. Santa achou o homem cacete. "Que tal? Não é um número?", sussurrou Sara indicando-lhe com os olhos as melenas grisalhas do gênio do cimento armado. O coronel Antunes, então, aproximou-se do herói da noite. Verger explicava por que viera ao Brasil: "… um ciclópico plano de urbanismo. Somente as cidades sem longo passado podem realizar audácias renovadoras…". Queria erigir a Capital-Máquina, o portentoso modelo metropolitano do mundo. Antunes ouvia Verger com um sorrisinho matreiro. Não se sabia se esse sorriso era de interesse ou de mofa.

Entrava Jairo, o marido de d. Sara. Vinha de casaca. Fora acompanhar a Missão Econômica Belga a um espetáculo de gala no Municipal. Beijou distraído a mão da mulher enquanto corria os olhos pela sala. Voltou-se para a mulher. "Quem é aquele cabeludo?" Ela pareceu acordar de um sonho. "Oh! É verdade… Esqueci de avisar você… É Alexis Verger, o célebre urbanista de passagem pelo Brasil. Convidei-o para hoje. É um número. Venha. Vou apresentá-lo."

Santa ouviu fragmentos de frase no francês puro de Jairo. "*Enchanté… mais oui… une grande ville…*" "*On tâchera de faire quelque chose… C'est un bon materiel.*"*

Um tédio mordente roía a alma de Santa. Tinha raiva de todos: do marido, de Sara, desse pedante Verger que se dava ares de um gênio perdido numa taba de zulus. "Ele deve estar pensando: *ces sales brésiliens, ces grotesques sauvages…*"** Antunes aproximou-se.

— O sr. Verger propõe-se fazer coisas extraordinárias. O Governo encarregou-o de traçar um grande plano de remodelação da capital. Ele pretende desarmar a cidade como se fosse uma caixa

---

* "Encantado… mas claro… uma grande cidade…" "Vou tentar fazer alguma coisa… É um bom material."
** "Esses brasileiros safados, esses selvagens grotescos…"

de brinquedos e reajustar todas as suas peças em torno de praças e lagos imensos.

— O que ele parece é uma besta pedante — cortou ácida d. Santa.

Levantou-se de jato mas não saiu do lugar. Uma cascalhada de risos partia do grupo de Verger. O francês cabeludo erguera-se da cadeira e contava com uma extraordinária modalidade na máscara faunesca alguma piada. "Mas o homem é um número!", gritou para eles Sara, radiante. "Venham ouvi-lo. Está imitando o grande Coquelin..."

Nesse momento Verger atirou ao chão uma almofada e sentou-se nela à moda turca. Todos o imitaram. Fez-se em seu redor um círculo cochichante, animado, íntimo. A cabeça de Sara resvalava pela cabeleira grisalha do francês tanto ela a curvava para ouvir melhor o que o homem contava. E as risadas explodiam no fim de cada narrativa.

A impostação caricatural e o intuito satírico são transparentes na passagem do romance *Salomé* que retalhamos aqui; Menotti del Picchia, que o esboçara em 1931, viria a completar o texto apenas oito anos mais tarde, para afinal o publicar em 1940. Com todas as propositais deformações do gênero, inseparáveis do espelho convexo da narrativa "de chave", esse episódio consegue contudo captar, de modo exemplar, vivacidade maliciosa e ironia alerta bem combinadas, os equívocos dificilmente transponíveis entre os mundos antípodas que se defrontavam naquele salão paulistano anos 1920 da elegante avenida Angélica. De um lado, taticamente afável e acessível, o Reformador, sugestivo como só ele no entusiasmo heroico de certa elocução plástica mais do que envolvente; do outro, a pseudodisponibilidade provisória, na verdade impaciente, pragmática, sardônica na inevitável e satisfeita superficialidade, inseparável daqueles interlocutores ocasionais, um instante curiosos pelo Europeu em trânsito. Diante de tais personagens, atados à raiz profunda de um conformismo "pés na terra", conformismo que sabia pisar firme sobre privilégios e vantagens dos quais não pretendia de forma alguma abrir mão, exibe-se o Viajor-Insigne-mas-ainda-Incompreendido-e-longe--do-Reconhecimento-Universal. Esperançoso sempre da "grande oportunidade" que pressente próxima, ele procura apressar a aura da vitória, soprasse essa "grande oportunidade" do quadrante que fosse e de onde pudesse soprar.

Embora Mário de Andrade, ao resenhar *Salomé*, aponte, com razão, as caricaturas "injustamente pueris", "que não chegam a ser mordazes, pela insinceridade, pela ausência de discrição com que [o Autor] não recua diante dos mais destemperados exageros", comprometendo assim "aquela força de verdade com que o escritor descreveu e fez viver a sociedade dissoluta, a politiquice rasteira, o individualismo vazio da progressista, caótica e brilhante civilização paulista do café" (a recensão, de julho de 1940, está recolhida na coletânea crítica *O empalhador de passarinho*), é impossível negar o fato de que aí Menotti haja recuperado, de modo saboroso, aquele lancinante desencontro cultural. O "modernista arrependido" que então ele era tratou de envelhecer "Alexis Verger" com melenas grisalhas (o modelo real usava curto o cabelo escuro, penteado para trás sem repartir); não satisfeito com o meio disfarce, acrescentou ainda, ao personagem, a desenvoltura largada de outro ilustre turista da cultura que, pouco antes, havia atravessado aqueles ambientes ricaços: Blaise Cendrars.

[Cendrars — nome de guerra de Frédéric-Louis Sauser (assim como Le Corbusier, a partir de 1920, tornou-se o de Charles-Edouard Jeanneret) — não apenas era suíço como "Corbu", mas ainda nascera no mesmo burgo de La Chaux-de-Fonds, Cantão de Neuchâtel, no mesmo ano de 1887, a poucas centenas de metros da casa da gente Jeanneret: comunidade assombrada pela memória severa de Calvino, o maior dos filhos insignes do lugar. Cendrars e Corbusier se darão bem toda a vida; o arquiteto urbanista, durante os últimos anos de ambos, ajudará discretamente o escritor, que lutava com crescentes dificuldades financeiras, ainda mais após os sucessivos derrames que acabaram por imobilizá-lo. Muito curiosas, aliás, as semelhanças existentes entre certas experimentações estilísticas que têm lugar nos escritos de ambos, as quais possuem intrigante sistema de ressonâncias. Sem nos referirmos, em Cendrars, à exaltação "maquinista" de *Le Principe de l'utilité*, ou ao fato de a lírica navegação interespacial de *L'Eubage* ter sido estampada pela primeira vez em *L'Esprit Nouveau*, chega a ser surpreendente certo paralelismo estilístico quando ambos aderem a alguns módulos de exaltação existencial celebrativa. O caso de textos de respiração poemática, como (em Cendrars) *Une Nuit dans la forêt*, e ainda fragmentos avulsos de *Trop, c'Est Trop*, ou (em Corbusier) do "Corollaire brésilien" e outros escritos de teor paralelo. Páginas nas quais o esbatimento nervoso da escrita reencontra certa respiração inventiva cuja energia persegue sistemas expressivos muito próximos. Um tema, portanto, que merecia ser aprofundado pela análise.]

Contudo, mais do que a assonância paralela do nome escolhido por Menotti em *Salomé*, a fim de alterar o retrato de Corbu, fala alto no episódio acima transcrito a reprodução literal das palavras-chave do ideário Jeanneret — frases pragmáticas que restituem a essa cena de quase ficção sabor vivo de documento apenas retocado com ligeiros riscos de giz. Ressalvada a distância que existe entre a crispação irônica do texto novelístico (ali determinada pela irritabilidade de certa personagem feminina que, nessa passagem, comanda o ponto de vista narrativo) e o depoimento direto redimensionado pela razão histórica do cronista-memorialista, aquele flagrante possui um tom bastante próximo do partido de distanciamento crítico adotado por Pietro Maria Bardi nas suas reminiscências. Pois é o texto de Bardi que constitui o corpo central desse livro, no sedutor desalinho de lembranças veiadas de observações críticas e interpretativas bem agudas. Um depoimento precioso, valorizado, ainda mais, pela reprodução integral das conferências que Le Corbusier proferiu no Rio de Janeiro, de 31 de julho a 15 de agosto de 1936, agora pela primeira vez divulgadas na íntegra. Tudo iluminado pelos desenhos originais do grande urbanista, concebidos segundo o impetuoso grafismo septicolor dele, que transforma esses papéis avulsos, cuidadosamente reunidos pelo Bardi, em autênticas partituras da utopia — como que radiosos rascunhos do *évangile selon Jeanneret*.*

Com o mesmo à vontade que adotara numa obra como *Sodalício com Assis Chateaubriand*, misto fino e bem dosado de irreverência e cordialidade, a que não faltavam profundos toques de perplexidade e admiração, *Lembrança de Le Corbusier* funde ao mesmo tempo reminiscência, crônica, história, crítica, interpretação, anedotário. Um todo uniforme, calibrado pela ironia que já se decantou em quintessência do narrador, e dentro do qual convivem, em regime de vizinhança pacífica, admiração e ceticismo. Expressivo marca-passo disso constitui a fieira de apelativos que o autor faz atravessar o texto, numa risonha ladainha maiúscula, que pretende registar o complexo camaleonismo psicológico de Corbusier: Bardi o designa como o Perfeccionista, o Incansável, o Dominador, o Aforismático, o Animador, o Racionalista, o Contestador, o Conselheiral, o Solucionista, o Insistente, o Irascível, o Deblaterador, o Radioso, o Incontentável, para ainda apostrofá-lo, nos cadernos íntimos, em momento de maior impaciência — pura libertação humorística —, de *Prima ballerina*: definição hilariante pelo que continha de caracterização concreta do (ler à

---

* Evangelho segundo Jeanneret.

italiana) *temperamento* do Audaz Trapezista. Depoimento e recordação fundem-se no texto de Bardi, filtrados pela grelha da ironia, num contraponto que tinha o fito de recuperar a objetividade, perdida sem o apelo para a média e extrema razão que se situa entre mito e caricatura, faces opostas nas quais se diluíram muitas vezes as tentativas de perfil esboçadas por aqueles que procuraram desenhar Le Corbusier. Alheio à apologia, de todo dispensável nesse caso, o texto do memorialista procede, quase com indiferença, uma fascinante operação historiográfica. Regista ele, de certo ponto de vista privilegiado, um instante nuclear da história intelectual contemporânea: o momento em que a estética e a técnica do racionalismo radical investem teoria e prática sobre a realidade política e tentam empolgar os diversos donos do poder do tempo, com o seu canto de sereia moduladora de mágicos números áureos. Donos de verdade que pretendiam transcender quaisquer ideologias, enquanto a mesma encarnação da ciência de planejar o/a bem-estar/felicidade do homem era da máquina, os arquiteturbanistas afirmam-se indiferentes ao fato desse homem, de que eles felicitarão a força, viver debaixo do capitalismo (estivesse este em estágio avançado, patriarcal-colonial ou selvagem), do comunismo bolchevista ou dos nacionais-socialismos em maré montante.

Aliás a admiração muito especial de Corbusier pela raça dos autócratas — Luís XIV, Napoleão, o barão Haussmann — não deixa dúvidas quanto à sua fé caolha na obediência, ele, que gostava de discorrer sobre a "necessidade" de *apprendre à dire oui*.*
As conferências realizadas no Instituto Nacional de Música, em 1936, no Rio de Janeiro, abrem-se com a evocação arquetípica do prefeito Pereira Passos, personalidade local que ele via por certo como predecessor dele, reurbanizador de um muito mais efeti-

---

* "Aprender a dizer sim."

vo bota-abaixo; nessas palestras não deixou esquecer num inciso que então, na Itália, *decidia o chefe*: aquele chefe cujo nome não é necessário lembrar. Talvez houvesse nisso qualquer nostalgia calvinista pelo carisma de pastor, incontestável e indiscutível, do qual sentiria em si também o sinal candente. Aliás, o autoritarismo pessoal do Herói, segundo o testemunho de um dos seus mais próximos colaboradores, Jean Petit (Cf. *Le Corbusier parle*. Genebra: Editions Forces Vives, 1967), só era enfrentado por Pierre Baudouin, que lhe tecia as tapeçarias; este respondia taco a taco os seus ataques mais virulentos de "mandachuvismo" (expressão cara a Pietro Bardi), lembrando ao mestre, por telegrama, que *l'esclavage est aboli*.* Corbusier não apreciava nada estas e outras correspondências respondonas, repetindo a Jean Petit, com a fala engrolada: "*Tout de même ton ami Baudouin exagère. Enfin, qu'il respecte le Vieux !*".**

Extremamente expressivas, portanto (e ainda mais por estarem diretamente ligadas à atuação histórica pré-brasílica de Pietro Maria Bardi), as tentativas de aproximação do Grão-Urbanista do poder italiano durante o decênio de 1930. Em 1934, convidado a ir à Itália, ambicionou ser o projetista das cidades experimentais que deveriam ser chantadas no Agro Pontino recém-saneado (modelo da grande operação que o governo getuliano vai empreender logo em seguida na Baixada Fluminense, cujo sistema de escoamento fluvial, abandonado a si mesmo desde a abolição do cativeiro, tornara a malária endêmica na região). Ao tempo que preside, no Rio de Janeiro, o grupo de estudos que projeta a implantação da sede do Ministério da Educação e Saúde e da futura Cidade Universitária — esta devendo ocupar uma área confinante com o parque que Auguste-Marie Glaziou envol-

---

* "A escravidão foi abolida."
** "De todo modo, teu amigo Baudouin exagera. Pois devia respeitar o Velho!"

vera, em 1873, o Paço de São Cristóvão —, também trata de entrar em contato com o embaixador mussoliniano no Brasil, a fim de definir o plano diretor de Adis Abeba, tão pouco gloriosamente capturada, no ano anterior, durante a mesquinha, aventurosa incursão tardo-imperial do regime fascista romano. Escrevendo a Giuseppe Bottai, governador da "Cidade Eterna", o grande Retor do Humanismo Tecnocrático não hesita usar, ad hoc, argumento bem aliciante: "Considerando particularmente a 'colonização' [leia-se: a ocupação colonial, operação estratégica e política], as cidades devem, vis-à-vis às populações indígenas, constituírem provas concretas de ordem, força e de espírito moderno". Não fosse senão por essas expressivas revelações documentais (e aqui o autor divulga, além da correspondência bottaiana, algumas cartas do Arquiteto a Paulo Prado, também inéditas até esta data), o livro de Bardi constituiria já uma contribuição bastante preciosa para o estudo da crise íntima da modernidade nas suas contradições estruturais. Tema que tanto interessa a um estudioso dessa problemática como Eduardo Subirats, o qual, em obra recente (*Da vanguarda ao pós-moderno*. São Paulo: Nobel, 1984), abordaria com apaixonada veemência essa gama de questões cruciais para o nosso tempo.

Um esboço de mito corbusiano deve ter se iniciado no Brasil, nos ambientes atentos às vanguardas internacionais, ainda antes da criação da revista *L'Esprit Nouveau* em 1920; provavelmente logo após a divulgação do manifesto "Après le Cubisme".* Este, o ainda Charles-Edouard Jeanneret subscrevera com Amédée Ozenfant dois anos antes, assim abrindo a porta para as exigentes filtragens formais encadeadas do "Purismo", plástico e literário. A importância que os 28 números da revista editada por Corbusier, Ozenfant e Paul Dermée teria para a atualização da teoria

* "Depois do cubismo."

estética de Mário de Andrade, mais além da área musical em que este se formara, foi decisiva, conforme demonstrou o estudo de Maria Helena Grembecki, *Mário de Andrade e L'Esprit Nouveau* (São Paulo: IEB/USP, 1969). Basta pensar na presença de Dermée nos textos de reflexão teórica, nesses anos de 1921-3, do autor de *Pauliceia desvairada*. Contudo, a doutrinação "maquinista" do Mestre foi mediada e reduzida pelos outros interesses intelectuais de Mário de Andrade, cada vez mais enfronhado em estudos de caráter antropológico voltados para a realidade popular brasileira; a reação melancólica dele, quando da estada do urbanista em São Paulo, no ano de 1929, não deixa dúvidas a respeito de tal distanciamento: para Mário, à margem da importância inequívoca da figura do visitante, continuávamos baços fornecedores de "Aídas para outros tantos Verdis", ou seja, fornecedores de matéria-prima, por certo "exótica" e fascinante, para a rebrilhosa criação alheia. Já o grupo modernista carioca que se reúne em torno de Graça Aranha — Renato Almeida, Ronald de Carvalho, Álvaro Teixeira Soares, Newton Belleza — e em 1928 inicia a publicação da revista *Movimento* (a qual, no quarto número, acrescentaria "Brasileiro" ao título dinamista, transformando o sentido desse cabeçalho) está sempre atento às artes visuais e se volta com interesse aceso para o cinema e a arquitetura. Nesta última área combate as posições do saudosismo bem-intencionado do "neocolonial" em voga, voltando-se para o funcionalismo racionalista com franca simpatia. A passagem de Le Corbusier, de volta de Buenos Aires com desvio por São Paulo (onde teve oportunidade de conversar longamente com o presidente do estado Júlio Prestes, certamente o futuro primeiro mandatário do país no quadriênio que se iniciaria a 15 de novembro de 1930), interessa muitíssimo o grupo; ela parece mesmo coroar de alguma forma a reflexão dos elementos da revista voltados para a necessidade de rápida modernização técnica do Brasil, "deitado eternamente em berço esplêndido" (segundo a letra do hino nacional) num sono largado. Conforme ressalta Maria Eugenia Boaventura no seu indispensável estudo *Movimento Brasileiro: Contribuição ao estudo do modernismo* (São Paulo: Conselho Estadual de Artes e Ciências Humanas, 1978), não só as duas conferências cariocas do visitante foram entusiástica, precisa e minuciosamente resenhadas em três páginas do número 12 da revista (dezembro de 1929), além de ilustradas com foto, desenho e autógrafo de Corbusier, como números seguintes trarão comentários e outras notícias sobre diferentes atividades do autor do *Mundaneum*. O derradeiro número do periódico, 21-2 (cuja publicação foi interrompida pela Revolução de Outubro e o subsequente falecimento de Graça, em 1931), traria ainda o início de um dos textos nucleares de Corbusier sobre o país, "Corolário brasileiro", traduzido da revista parisiense *Grand' Route*.

Não é difícil perceber de que modo Le Corbusier falaria às pretensões messianistas — éticas e estéticas — do *maître à penser* de *O espírito moderno*, que acabava de publicar *A viagem maravilhosa*, romance de tese que era um testamento estético. O ambicioso programa reformulador de Le Corbusier tinha a ver muito com o imaginário de Graça Aranha; servido por uma expressão literária, além de muito articulada, imaginosa e fascinante, o autor de *Almanach d'Architecture Moderne* era temperamento muito afim ao dele. "Corbu" já projetaria então o seu *Croisade ou le crépuscule des académies*, só editado em 1933; já esse título deveria levantar em Graça Aranha cálidas lembranças da secessão de 1924... Nada mais natural, portanto, que se instalasse entre os dois apaixonante diálogo, troca de ideias de utopista a utopista, com ênfase e grifos bebidos por ambos em Barrès e Nietzsche e revistos pelas leituras mais recentes. O viajante, percebendo sem dúvida a projeção do prócer e as afinidades entre ambos, escreveu sem perda de tempo, no exemplar de *Vers une Architecture* oferecido ao profeta de *A estética da vida*: "*En 1920 les premiers mots/ de ce livre/ en 1929 le soleil/ de Rio/ et son peuple si beau pour/ les yeux, si gentil pour le/ coeur./ Alors, la révolution architecturale/ pressentie dans ce livre, apportera-t-elle à la nature et au peuple/ de Rio les beautés des formes sous/ la lumière et un lyrisme digne/ du temps présente ?*".* A interrogação insinua, sem disfarce, a disponibilidade total do inventor de repensar, desde o grau zero, a tecedura urbana da grande capital no trópico. Lúcio Costa converte-se ao funcionalismo racionalizador nesses mesmos anos, após abandonar sincero entusiasmo *revivalista* pelo tradicionalismo Ricardo Severo-José Mariano Filho. Uma aproximação sentimental, esta, propiciada talvez pela formação profissionalizante dele, que teve lugar na Inglaterra, quando hauriu prováveis simpatias williamorrisianas de fim de adolescência, que nele instilaram firme anticonformismo social. A fidelidade à pregação de Corbusier, cuja doutrina Lúcio descobre paralelamente à afirmação do Movimento Modernista, será reforçada pela sucessiva associação profissional com Gregori Warchavchik e a participação de ambos no revisionismo do CIAM, criado em 1928. Seria posta à prova e daria os primeiros frutos maduros quando da sua permanência frente à Escola de Belas-Artes, logo após a Revolução de 1930 e a reforma do ensino artístico e profissional que então tem lugar. A influência decisiva dele sobre a nova geração de arquitetos que então surge e se forma à sua sombra (sobejamente conhecida) confirma a importância nodal da sua atuação pedagógica, que possui sutil traçado socrático. Escritor muito dotado — talvez pelo fato do seu nome de batismo provir da figura

---

* "Em 1920 as primeiras palavras/ deste livro/ em 1929 o sol/ do Rio/ e seu povo tão belo/ aos olhos, tão gentil ao/ coração./ Então, a revolução arquitetural/ anunciada neste livro trará à natureza e ao povo/ do Rio as belezas das formas sob/ a luz e um lirismo digno/ do tempo presente?"

apaixonada de Lúcio de Mendonça,* que seu pai tanto admirava —, ele logo se distingue pela qualidade do discurso teórico, veiado, como certos mármores, tanto pela poesia da função como pela prática meditativa da contemplação. E Lúcio Costa dedicará a Le Corbusier alguns dos mais belos textos que escreveu: entre eles, o roteiro da sua primeira peregrinação noturna à igreja de Ronchamp, em pleno inverno — texto que só Machado de Assis ou Carlos Drummond de Andrade seriam capazes de igualar. Assim, a emocionante narrativa dos funerais do grande urbanista, cujos despojos ele acompanhou através da campanha francesa de Roquebrune-Cap-Martin a Paris, pernoitando no convento dominicano de Lyon; prova comovente de dedicação e veneração acima de qualquer suspeita. Texto que, com a elegância silente do autor, cala a referência única que no breve elogio fúnebre André Malraux — sim, *ministre de la Grandeur*,** mas ainda e sempre o autor de *La Condition humaine* e *Les Voix du silence* — faria ao nome do riscador de Brasília, essa *fille aînée**** da obra corbusiana.

Lúcio Costa será a ponte entre a jovem plêiade que cresce e aparece ao seu lado e a atuação administrativa de Gustavo Capanema; antigo modernista de Belo Horizonte, este, como outros intelectuais do seu grupo, terá acompanhado com atenção o itinerário Jeanneret durante o decênio de 1920. Concilia ele

---

* Lúcio de Mendonça (1854-1909), jornalista republicano, escritor, jurista que chegou até o posto de ministro do Supremo Tribunal. Autor de contos rurais ("João Mandi" e "Luís da Serra"), de poesia (*Canções de outono*, de 1895), romance (*O marido da adúltera*, de 1882) e textos jurídicos (*Recurso extraordinário*, de 1895), entre outras obras. Alexandre Eulalio dedicou dois textos a ele: "O centenário de Lúcio de Mendonça" (*Livro involuntário*, pp. 231-5) e "O último bom selvagem: 'Luís da Serra', de Lúcio de Mendonça" (*Tempo reencontrado*, pp. 61-84). Lúcio de Mendonça era pai e avô de Carlos e Carlos Sussekind, autores de *Armadilha para Lamartine* (1975).
** "Ministro da grandeza" (da cultura e da França).
*** "Filha mais velha."

uma curiosidade superior, nutrida por certa cultura muito bem sedimentada, ao temperamento autoritário e revisionista que o ligara, antes de 1930, ao movimento miliciano dos Camisas Pardas, inquietos personagens que ansiavam por uma ação efetiva transformadora no ambiente nacional. Na sucessão de Francisco Campos (outro defensor da ideologização do mandonismo tradicional, que teria largo futuro), Capanema, cercado por escritores de primeira plana da província dele, saberá apreender com toda rapidez o interesse fecundador da presença tanto urbanística como arquitetônica de Le Corbusier entre nós. Convida-o, portanto, na qualidade de ministro de Estado, para agir debaixo da égide de um país novo, que começa a se transformar através das reformas de um regime que se aproximava, a passadas largas, de um governo idealmente mais "forte". Será ele responsável assim pela primeira encomenda oficial de vulto que o Utopista realizará no mundo.

Com toda essa preparação cultural, nada mais coerente que as gerações brasileiras mais jovens — mesmo aquelas que não mantiveram contato direto com "Corbu" — permanecessem sob o fascínio do Monstro Sagrado. Esse foi o caso de quem assina estas linhas; mesmo alheio, do ponto de vista profissional, àquele ambiente, deixar-se-ia enfeitiçar pela personalidade e pela doutrinação eloquentes de Corbusier, uma e outra extremamente sedutoras. Dentro das inevitáveis limitações de certa curiosidade veleitária, tratou ele de acompanhar espontaneamente a evolução da obra, examinando e estudando visual e teoricamente a inventividade do Mestre. Em 1958, após ter-se ido deslumbrar, no limiar mesmo do seu batismo europeu, com o Poema Eletrônico criado nas "tendas acasaladas" do Pavilhão Phillips, na Exposição de Bruxelas — a *Gesamtkunstwerk** maquinista de Corbusier:

---

* Obra de arte total.

imagens sons cores encadeados ao fundo sonoro composto por Edgar Varèse e Iannis Xenakis —, partiria ele, em companhia de Anísio Medeiros, Arthur Lycio Pontual e Wesley Duke Lee (dentro de uma inacreditável Karmann-Ghia de dois lugares!), para uma excursão que incluía Colmar, Ronchamp e Berna, a fim de, em uma só cajadada, explorar obras de três admirações maiores do grupo ocasional: Mestre Matthias Grünewald, Le Corbusier e Klee. (Anísio Medeiros, em meio ao forte vento de outubro que despenteava com violência a paisagem, cortando cerce as obrigatórias exclamações dos viajantes diante do santuário da Senhora das Vitórias, proferiu, com seu sarcasmo construtivista, uma frase que teria agradado ao Construtor: "Isto é bonito só porque existe".) Como elemento comprobatório dessa exaltada devoção que dedicava, como todo o seu grupo, ao Manipulador de Estruturas, lembre-se da nota emocionada que o mesmo escreveu em *O Globo* quando da morte do Nadador, em setembro de 1965.*

A ambiguidade fascinante do dizer desse Inventivo que dispunha como melhor desejava da expressividade das linguagens, e que, ultrapassando fronteiras de gênero, se encaminhava sem titubear para a escrita poemática, não teve mesmo igual. "Corbu" instrumentalizava como queria a expressão literária, buscando-lhe os fundamentos no carisma missionário de que muito se orgulhava. A facilidade com que sabia manipular ideias e palavras prolonga-se na musicalidade implícita dos empolgantes desenhos que gizava num abrir e fechar de olhos. Neles, o voo lírico da cor e a vibração do traço se completam num *ductus* poderoso, que encaminha pensamento e emoção para uma trama que oscila do pictograma ao ideograma — geometria e quimismo lírico, escrita e signalética, esquema ao mesmo tempo que perspectiva desdobrada, sugestão intelectual ao mesmo tempo que convite vitalista

---

* Cf. "O concreto Corbusier", p. 90.

à ação. O precipitado ininterrupto de achados fluía com uma velocidade acelerada de montagem cinematográfica, podendo encaminhar-se do rigor mais angularmente racionalista à inesperada elaboração lírica, com a mesma inventividade surpreendente de sempre.

Personalidade como essa teria de ser arrebatada pelo mito e espontaneamente cultivada por um grupo irredutível de fiéis. Por motivos simétricos, não será pequena também a tentação de ridicularizar ou simplificar em esquemas empobrecedores personalidade cultural tão complexa e compósita. A grande qualidade de Pietro Maria Bardi nessa obra é guardar igual distância entre esses dois extremos, mesmo quando parece antipatizar ou pensar de modo favorável por um ou outro. As digressões históricas, que leva avante com um anticonvencionalismo recortado à medida do "*genio y figura*" dele, permitem (conforme já dissemos) que no presente escrito a dimensão historiográfica absorva o relato jornalístico, não apenas pelo interesse puro e simples do depoimento da memória, mas pela qualidade crítica implícita no posicionamento do escritor. *Lembrança de Le Corbusier* constitui assim, com seu tom despretensioso e irreverente, contribuição deveras expressiva para o melhor conhecimento da história intelectual do nosso tempo.

1984

Duas palavras:

Duas palavras: vista, ouvido. Espelho contra espelho.

A colisão entre a barcaça ilustre — encalhada na Laguna entre as riscas submersas de bancos de areia, partitura em aberto — e o abandono aceso do viajante. Do viajante escolarizado/ escolado na aprendizagem das pedras gastas.

Marulho sutil, cor exaltada. O risco inquieto dos reflexos.

Veneza colide em segredo com o sorriso incrédulo do recém--chegado. Imersa na névoa. Ardendo na canícula. Desfazendo-se numa poeira de vidro que ofusca alumbra cega. Ou então superfície que se esbate, evaporando em surdina. Já não é mais líquida, ainda não é nuvem. Um instante envolta — licenciosamente — nas barbas ensopadas do Tempo. Para saltar de novo, urgente, toda nua, ao presente total da luz. Luz exaltada pela água, tecendo teia impalpável de uma outra túnica sem alinhavo que tudo envolve, veste. Nessa quietude tudo é secreto movimento. O tempo (escanhoado para a presente ocasião) toma agora um aperitivo *in Piazza*, diante de um exército de pombas que executa sábias manobras militares no lajedo. Diante de San Marco o *gonfalone* da *Serenissima* tatala preguiçosamente no mastro, abafando os rugidos que o Leão heráldico da finada República ainda gostaria de ensaiar, mesmo reduzido a duas dimensões na bandeira.

Calle, canal. A carnadura esplêndida dos tijolos. Mármore mêmore. Madeira encharcada. Ouro, esmalte azinhavre. *Altane*, campanários. Telhas verdolengas e antenas de televisão. Silenciando tudo, a fala brônzea da Marangona. A voz menos alta dos outros sinos falando veneziano, suavemente. Sândalos, gôndolas. O ploc-ploc-ploc da água que nos acompanha nas Fondamente. Centopeias encadeadas de rumores dessas águas. As botas de borracha na água alta. Os retábulos dos mestres na penumbra. Missa grande na Basílica.

Do mundo veneziano, Lélia Coelho Frota recolheu aqui apenas as mais raras tesselas de um mosaico infindável. Dedicados a Maria Leontina — senhora dona do fluir, dos panejamentos da cor e da luz, dos canais e *calles* de pálios e estandartes, cujas folgas dobras gestos mossas ela reinventaria com um toque lírico exaltado mas todo discrição —, esses poemas buscam antes o registo do fluxo, imóvel e vertiginoso ao mesmo tempo, de música e pintura: artes que de algum modo cifram/decifram a errância exemplar, a irrealidade palpável, a fuga perene, o milagre ininterrupto da cidade da Laguna. No despojamento agudo da sua escrita de agora, Lélia visou às transparências cromáticas, a movimentação concertante, que lucilam, ora cristalizadas ora mortiças, seja na assimetria milimetrada da pintura de Jacopo Robusti, o tintureiro prodigioso, seja nos ritmos escandidos em que a limpidez lírica e a euforia vitalista de Antonio Vivaldi não excluem a complexidade da fantasia imprevisível dele. O observar plural, lugar da expectativa, e a inevitável escolha da singularidade dos mundos convulsionados, oscilantes, de Tintoretto e de Vivaldi, são complementados pelas cadências soturnas, alguma vez mesmo gravemente carontianas, de Johann Sebastian Bach — o qual, nas partituras desse outro Antonio veneziano, estudou a plasticidade nova de grandes formas instrumentais.

Entre barcos e pontes de três arcos, hortos conclusos e jardins de nuvens, dédalos de *campielli* e *salizade*, passando por debaixo de muito *sotopòrtego*, Lélia Coelho Frota tratou de recuperar as estruturas harmônicas do transeunte tempo-espaço veneziano: as mãos "vertiginosas" que na tela ou no pentagrama se assentaram superlativas, febris dentro da serenidade, aí instaurando, na rede do fluir, a clara vênus da criatividade. O texto dos poemas, que traem curiosos acentos murilianos nos últimos deles, é sempre de grande transparência. As composições se sucedem como variações sonoras e visuais e ao mesmo tempo possuem certa qualidade aérea, delicada suspensão do dizer e do expressar, que lhes permite configurarem-se um instante em progressões seriais abertas, antes de outra vez pousarem, poeira finíssima e apaziguada, sobre a página e o leitor. Os dois espelhos da vista e do ouvido que conduziram o poeta nessa excursão "pela nudez maior da claridade", colocados um diante do outro, permitiriam a vertigem dessa identificação do puro inventar situado entre tecedura e tessitura. E a silenciosa epifania de contemplação e escuta abre ao poeta a notícia mansa de que além da cidade e da Laguna existe o outro grande mar além do ser.

A versão italiana que Luciana Stegagno Picchio executou desses textos, mais do que apenas literal, consegue recriar *desde dentro*, na língua de Montale, a atmosfera camerística dessa sequência. Em *La letteratura brasiliana*, impressionante golpe de vista crítico e interpretativo sobre quatro séculos e meio da nossa cultura, publicado em 1973, a autora alude aos primeiros livros de Lélia. Trata-se de *Quinze poemas, Alados idílios, Caprichoso desacerto*, obras extremamente complexas na fatura e nas intenções de politonalidade, de um sardônico lirismo em que a constante vontade de absoluto preciosismo era doridamente glosada. Luciana Stegagno Picchio chamara-a de "Edith Sitwell adolescente". Pensava por certo no singular fôlego poético, nas elaboradas superposições de sons e sentidos, no discurso personalíssimo, multiveiado de *humor* e *páthos* que a grande dama da poesia inglesa desenvolvera desde *Façade* até *Street songs* e depois; parentesco ressumando desde o título de composições como "Trio for Two Cats and a Trombone", "Green Flows the River of Lethe" e "Sailor, What of the Isles?". A evolução de Lélia deu-se, no entanto, no sentido de uma simplificação progressiva que difere do itinerário de *Dame* Edith. Sem perda da riqueza de melodia e de conteúdo, e mesmo antes de *Menino deitado em Alfa*, a autora foi se desfazendo progressivamente de alçapões e túneis, passadiços e viadutos, labirintos e subterrâneos sabidíssimos, no sentido da desencantada fosforescência do seu verso hoje. Por sua vez, passando de leitora muito atenta a tradutora-sismógrafo, Luciana Picchio confirma — para quem ainda não o sabia — a pluralidade do talento da personalidade dela, em quem erudição e sabedoria, inventividade e diligência, generosidade intelectual e capacidade crítica se fundem num contínuo altíssimo de que muito ainda vai se beneficiar o mundo que fala português.

As vinhetas de Maria Leontina recolhidas no volume, cujo projeto gráfico Cecília Jucá e Gastão de Holanda realizaram com o apuro que caracteriza o trabalho deles, traçam ludicamente uma teia que pontua o volume e recupera sem lágrimas as duas palavras que comandam esses poemas venezianos de Lélia Coelho Frota: vista ouvido.

1986

Uma paginação da paisagem

A entrega ensimesmada à pintura que Milton Eulalio vem praticando faz tempo apurou-se com bastante largueza nestes últimos dois anos e já permite reconhecer no jovem artista uma certa marca de inventor. Aparentemente ele se interessa por um tipo de paisagismo que acompanha a factura tradicional do gênero.

Olhado sem pressa, no entanto, o seu trabalho revela-se bem distante de uma rotina qualquer. Aliás, o que me parece fascinante é a intensidade ao mesmo tempo contida e palpitante das telas. A sutileza contemplativa de Milton exprime-se aí tanto na construção do espaço, no recorte dos planos e no jogo muitas vezes singular de massas e tonalidade, quanto na peculiaridade de certa aura reflexiva, muito dele, em que o tratamento da luz pode exasperar ou amortecer os elementos temáticos numa quietude silenciosa meio hipnótica.

Parecendo interessado em registar a aparência — vistas da cidade e do campo, marinhas, naturezas-mortas, tudo cenas de um cotidiano sem ênfase, de cores baixas — esse olhar trata de entregar o avesso da paisagem, se assim se pode dizer: figurações compactas que traduzem a surdina de determinadas atmosferas, as quais surpreendem pela intensidade com que o artista as reinventou. Maneira que denuncia a sensibilidade intimista, elegíaca, senão mesmo "metafísica", do pintor.

Sem prejuízo de uma atenção pelo social sempre inquieta, Milton parece tender principalmente para uma lucidez visionária, que lhe entrega a imagem das coisas vibrante e inaugural numa espécie de insônia. Sem querer forçar generalizações arbitrárias, este para mim constitui o lado mais individuado da invenção dele. Sempre atento à matéria, que trabalha com cuidado minucioso, de um lado, vamos encontrar o registo de fábricas desertas, vagões esquecidos num desvio, sacos de compra vazios ao lado de fruta cortada, estaleiros sem ninguém, a escada de um jardim na encosta, o alambrado do armazém no porto, a quietude do bairro onde estacionou uma viatura; de outro, cenas animadas das ruas centrais atravessadas por ônibus automóveis caminhões bicicletas, que, junto à aglomeração encardida da cidade, aumentam ainda mais o estranhamento do cenário quando contrapostos à linha sutil e caprichosa da paisagem.

Embora pouco numerosas, as naturezas-mortas do pintor podem nos ajudar na radiografia de semelhante perplexidade. Nelas o desconsolo da matéria inerte, abandonada, ganha certa monumentalidade com o recorte veemente das figuras, cuja articulação insólita e instável é, no entanto, autossuficiente. Constituem elas assim menos celebrações da "vida silenciosa" do inanimado do que a contemplação de "destroços esquecidos", os quais, na era aleatória dos supermercados, recodificam uma versão 1985 das "lágrimas das coisas".

Não muito distantes das naturezas-mortas parecem estar alguns planos próximos de barcos de pesca recuperados no estaleiro. Nestes, a diversidade de materiais e cores da carcaça estabelece o pretexto para uma imbricação de materiais e abordagens pictóricos que, além do tema, valem por si mesmos enquanto funções dessa pintura. Longe de programático, o caráter contemplativo de tal busca enriqueceu-se com o fazer veloz da tinta acrílica. Nos quadros mais recentes acentuou-se a vibração cromática, enriquecida pelas transparências ritmadas, que se organizam em novas séries expressivas. É o que acontece com trabalhos agora expostos — a estação das Barcas de Niterói vista da terra e do mar; as pequenas tábuas daquilo que o autor chama de sua "série ferroviária"; certos casarios de bairro ou aspectos da periferia urbana —, nos quais a paleta sobe de cor e um grafismo mais nervoso atribui teor diverso à matéria. Alheio às modas mais estridentes, um dizer de factura livre, mas firme e cuidado, que avança pouco a pouco, sem pressa.

Não é fácil abrir o próprio caminho em meio a dúvidas e perplexidades que assaltam um artista como este, atento à dinâmica das modernidades em curso, sempre tentadoras, mas fiel a uma escolha figurativa que pôde dar Hoppers e Wyeths — para lembrar, fora da nossa tradição, dois nomes de família vasta e insigne. Mais natural seria falar, não sem razão, que, habitante de Niterói, Milton Eulalio antes se encartaria na linhagem mais modesta que provém ainda de Mestre Georg Grimm, o qual, ali mesmo na Praia Grande, deu asas aos seus discípulos dissidentes da Academia; os quais discípulos, por intermédio de Parreiras, chegaram praticamente aos nossos dias.

Não é difícil recuperar, mais do que determinada marca de aprendizado (através das coleções da casa-museu de Parreiras, que o nosso artista terá ido estudar), a afinidade de registo de Milton com as experiências pioneiras de um Caron, de um Pinto Bandeira, de um Vasquez, até de Raphael Frederico. Mas também seria lícito relembrar outras chaves de afinidade do nosso pintor com o primeiro Pancetti e ainda citar mais nomes, integrantes ou não, do Grupo Bernardelli. Sem esquecer o convívio fecundo com os seus companheiros imediatos de margem esquerda da baía de Guanabara, artistas tão diferentes entre eles, mas aos quais já se começa a chamar, tanto por comodidade topográfica como por inevitável condescendência metropolitana, de "Grupo de Niterói". Talvez porque, entre outras coisas, ainda insistam em "pintar do natural", como o fazia Antônio Parreiras. Tudo isso tem sentido, mas não creio que ajude maiormente a uma abordagem específica da obra do pintor que aqui nos interessa.

Também não sei se é o mais indicado próprio discreto e até mesmo elegante primo falar de primo com admiração e até certo entusiasmo mal disfarçado. Enfim, como a descoberta da pintura de Milton Eulalio é para mim fato recente, e nos separam (... a favor dele) quase 25 anos de idade, seria artificial reprimir o interesse e a viva curiosidade que o trabalho do autor provoca em mim, deixando de rabiscar aqui estes apontamentos apressados e de nenhuma relevância.

1986

O sarcasmo solene de Brancati

> *Caçoada, sátira, ironia e mais profundo significado.*
> Christian Dietrich Grabbe, 1822

A fluência narrativa de *Il bell'Antonio* é bem característica da maneira de Vitaliano Brancati. Constitui mesmo uma das facetas mais atraentes desse romance, o qual pode ser lido de um só fôlego, mas, na verdade, bem que requer do leitor curioso uma atenção alerta. Crônica sarcástica de determinado período histórico, ela pretende ser também o retrato de uma sociedade cujos traços foram avivados com crueza pelo artista. A intenção de manter o ritmo febricitante do narrado faz com que o escritor não hesite em utilizar aí expedientes de gêneros ficcionais confinantes com a novela. Tudo para não perder o movimento acelerado da ação, indispensável para certos efeitos cômicos e patéticos que o romancista pretendia alcançar.

Embora apelando para estratégias próximas do teatro grotesco, *Il bell'Antonio* não deseja aderir à farsa, mesmo quando, sem maior cerimônia, lança mão de alguns procedimentos desta. O autor prefere reciclar, no registo da paródia, o andamento cerrado e solene de certa prosa narrativa convencional; veiada de sarcasmo, esta se prolonga num festão intrincado de associações imprevistas, que dão movimento e cor à sequência de orações coordenadas e subordinadas. O estilo afoito, que tem vontade de tudo dizer e anotar, assume improvisos de escrita macarrônica, pontuado por perguntas retóricas e gestos expressivos de uma aflita ironia. Mas a esse escrever encorpado Brancati contrapõe a todo momento o recorte cômico de frequentes diálogos, que alternam com o desenho sinuoso das comparações e metáforas quase ininterruptas. São estas que pontilham o texto de *Il bell'Antonio* com uma vibrante inventividade humorística.

Nas frestas da narrativa, que se quer sempre rápida, afloram entretanto momentos reflexivos ou contemplativos de timbre melancólico. São eles que dão voz ao cronista que um instante disse eu na primeira página e depois parecia ter se eclipsado no subsolo do texto. Um dos segredos da singularidade narrativa do romance é fruto assim da modulação do ritmo geral, que freia ou acelera o andamento da obra conforme a necessidade de ora distender ora abreviar os tempos da ação. Isto lhe atribui uma compacidade cinematográfica, previsível na irônica fusão de gêneros e linguagens que aqui está tendo lugar. Semelhante mescla de registos narrativos a todo momento apela para o grotesco e esboça, sem o radicalizar, o progressivo desmantelamento retórico da escrita convencional.

Um registo paisagístico breve, mas incisivo, acrescenta também vivacidade ao edifício narrativo, mesmo quando se resume a quatro ou cinco traços. A presença da cidade afirma-se de modo poderoso, ainda que o romancista, durante toda a obra, tome partido mais de insinuá-la do que propriamente apresentá-la. A sedimentação milenar da consciência urbana de Catânia extrapola a literalidade da referência descritiva. Disso é exemplo a evocação, como que ocasional, dos sucessivos estratos históricos de Piazza Stesicoro e da convergência de silêncio e rumores, tempos e espaços que ali se condensam. Ou do preguiçoso reencontro do protagonista com a cidade natal, cujos telhados pátios torres jardins cúpulas trechos de rua roupas estendidas ao vento, de tão conhecidos, ele contempla quase sem enxergar do terraço da casa paterna. Ou ainda as andanças entre conventos e igrejas barrocas de Via Crociferi dos primos Edoardo e Antonio, que nesse entorno se falam "com uma nostalgia de Romantismo que os tornava mais inquietos e infelizes de um verdadeiro e próprio romântico passando por aquela rua cem anos antes". E as deambulações do personagem central pela cidade adormecida, que desembocam na periferia indigente dos bairros altos, de onde, em meio à brisa úmida, se divisa, desimpedido, o mar. Ou então o encontro merencório com uma Catânia devastada pelos bombardeios, edifícios arruinados, lixo espalhado por todos os lados, paredes fumegantes e malcheirosas, que Antonio percorre com o coração na mão.

Indicações que se completam com outras, gretadas de humor sardônico, nas quais aparecem Via Etnea, o Passeio Público, Piazza Bellini, Via della Collegiata, os movimentados cafés ao ar livre. Ruas onde ritualmente os rapazes da cidade falam com ardor de mulheres, dando-se mutuamente cotoveladas e empurrando-se uns aos outros sobre mostruários de lojas e paredes de edifícios. Coroando o declive da artéria central, que parece ascender na direção do monte sagrado, a cabeça nevada do Etna esbate-se no horizonte e parece contemplar com indiferença aquele pequeno mundo fútil. Merece talvez referência, pelo tratamento diverso com que a matéria foi abordada por Brancati, a visita ao *podere* rural dos Magnano — trecho de um visualismo exacerbado, que parece buscar transposição escrita de certas vibrantes paisagens que um Casorati, um Roberto Melli, um Carena pintavam entre 1928 e 1932. É inegável o virtuosismo na sugestão da luminosidade mutante da atmosfera e do denso perfume dos laranjais que descem pela encosta, batidos com violência pelo vento que sopra do mar. Aliás a presença do vento, seja o siroco morno que chega da África ou as rajadas vivazes que descem do Norte, desempenha papel decisivo em todos esses passos, como que precondicionando o comportamento dos caprichosos habitantes daquelas paragens.

Il bell'Antonio constitui assim uma obra de ficção compósita, de evidente complexidade, mas que pode ser lida nos mais diversos registos sem trair a sua carta de intenções primordial. A crítica italiana logo qualificou "aristofanesco" e "gogoliano" semelhante tratamento cômico-retórico da linguagem, que ela aproximava ainda da comicidade de Aldo Palazzeschi. Mais exato seria talvez afirmar que uma tal construção narrativa se encontra bem mais próxima, nos pormenores da técnica do dizer e do inventar, da escrita sardônica de um Alberto Savinio. Como esta, participa tanto do gosto por uma certa magnificação grotesca do objeto quanto das cabriolas de um lirismo disponível a todas as associações. É verdade que Brancati não está interessado em determinada suprarrealidade de talhe mítico, como é o caso do autor de *Dico a te, Clio*. O nosso ficcionista caminha antes para um naturalismo minucioso e exato, sublinhado através do tratamento expressionista do pormenor. No entanto, esse constante reinventar da minúcia vai abrir, como em Savinio, inesperadas janelas para a fantasia e o sonho. Fantasia que se permite, vez por outra, até superposições visuais e simbólicas de caráter agressivamente intelectualístico. O caso, por exemplo, durante o episódio da saída do cortejo de bodas de Bárbara com o duque de Bronte, de uma surpreendente apóstrofe: a evocação dos guinchos e do voo "irado" do morcego, que, ao entardecer, se substitui ao suave bater de asas e ao trino da cotovia recolhida ao ninho. Imagem soturna, evocando famosas representações gráficas desse exemplo da noite da alma, que um Dürer e um Tiepolo executaram de modo inesquecível, mas em contexto inteiramente outro.

Em torno do drama íntimo de Antonio Magnano, que, pouco a pouco, se desvenda tanto para o leitor como para os demais figurantes da obra, organiza-se vasto painel da Catânia de 1930--40. Uma comunidade que caminha, com absoluta inconsequência, do triunfalismo irresponsável da Guerra da Abissínia para o desmoronamento do regime fascista e a violência moral da ocupação aliada — melancólica abertura para novos tempos que os personagens da narrativa não parecem divisar com clareza, mas aos quais irão aderir com o conformismo de sempre. A impotência física de Antonio, monstruosa como aparece num ambiente todo voltado para a glorificação priapista, parece ganhar assim o contorno de símbolo amargo e sarcástico daquela companhia. Um grupo humano dotado como nenhum outro pela Natureza e pela História, mas que permanece constitucionalmente incapaz de afirmar as próprias potencialidades. Tudo indica que, nesse novo pós-guerra, ele há de se estiolar mais uma vez em frustrações e ressentimentos imemoriais.

Uma tal hipótese não seria em princípio alheia ao clima fim de século subjacente a toda a obra de Vitaliano Brancati. No início da carreira literária, ele havia acolhido abstrusos simbolismos de conotação mítico-política em alguns escritos que mais tarde repudiaria com impaciência. Embora sugestiva, a transposição alegórica a que se aludiu insinua-se de forma esbatida, num segundo plano do significado. Mais urgente seria abordar a questão do galismo siciliano, que o autor propõe aqui com astúcia toda provocatória. Esse "problema" perpassa, conforme é notório, pela obra madura de Vitaliano Brancati, constituindo mesmo um dos temas condutores da narrativa dele. Sem ser necessário nos referirmos ao teatro, aos contos e a alguns dos textos reflexivos enfeixados em *I piaceri*, versam a matéria as duas outras novelas mais extensas que ele havia de escrever — *Don Giovanni in Sicilia* e *Paolo il caldo*. Embora em direções opostas, ambas documentam fartamente o obsessivo interesse do autor pelo argumento. Mas em *Il bell'Antonio* o tema do galismo aparece abordado pelo lado avesso. A obsessão triunfalista da virilidade é aqui proposta em negativo, enquanto risível/pungente paradoxo — o grau zero do priapismo —, no qual grotesco e patético se superpõem. Predestinado pelo físico incomparável às mais devastadoras conquistas, "o mais belo dos sicilianos" terá de carregar até o final dos dias a sua impossibilidade de amor físico. Equação irracional, o galismo é levado ao extremo absurdo do seu mesmo aniquilamento, desde que a impotência é o reverso, a "face oculta" e simétrica, da moeda da sedução masculina. O sarcasmo exasperado de uma tal sátira, que joga com vacilações, precariedades, inseguranças de todo um grupo, acaba por englobar o satirista ao mundo por ele satirizado. Ao mesmo tempo que se configura como provocação e vingança de Brancati contra o ambiente dele, essa narrativa constituía um autodesafio cultural e existencial, que o artista, fascinado pelo tema, leva avante com evidente perplexidade.

Em torno desse protagonista altamente problemático, seja como personagem seja como símbolo, giram os figurantes centrais do romance. Em primeiro lugar, os pais do anti-herói: o convulsivo *Signor* Alfio e a discreta — mas enérgica — *Signora* Rosaria. Logo em seguida, o tio Ermenegildo Fasanaro e o primo Edoardo Lentini, que detêm a função de conduzir as dubiedades e imprecisões mais complexas de tempo e modo sicilianos, entremeando galismo e intelectualismo. Depois é a vez daqueles outros comparsas que hão de se chocar com os do primeiro grupo, num contraste de interesses bem objetivo, em que se encontram envolvidos vantagens e haveres ingentes: a bela e dura Bárbara, que não sabe por que não pode perdoar; os pais desta: o tabelião Puglisi — que gere com fúria os vastos bens que herdou, sabendo acrescentá-los com indispensável frieza — e a sua planturosa mulher — filha do singular barão de Paterno, ao qual devoram ideias fixas e arteriosclerose. Representando, enquanto "tipos tirados do natural", categorias sociais precisas, uns e outros merecem o interesse de escritor, que através deles deseja contrastar o irredutível, autoritário, linear perfil "velha Sicília" com a indecisão amorfa do filho de Alfio Magnano, em quem sensibilidade e insipidez se mesclam na mesma proporção.

Brancati conduz habilmente a trama desde o regresso de Antonio a Catânia e o reencontro dele com o ambiente da adolescência, até que a fugaz, ilusória euforia do protagonista em contato com a mãe terra abra a porta para o desmascaramento do seu dilema íntimo, que resulta na aniquilação psicológica do personagem. Esse movimento narrativo será sustentado por uma série de pequenas cenas subsidiárias, de sabor propositalmente anedótico, que a pouco e pouco constroem o clima coletivo. A atmosfera política da cidade nesses anos críticos, com os prepotentes chefetes e prepostos fascistas de um lado e os socialistas da velha guarda que se opõem ao *Duce* de outro, é colhida com uma verve especial, que não se importa em fazer alguma concessão à comédia ligeira. O romancista define com rapidez os perfis dos comparsas menores, conseguindo extrair deles tudo o que pode fornecer o substrato burlesco dos mesmos, sem excluir os laboriosos borborigmos ideológicos que liberam de tanto em tanto. Constitui-se, portanto, uma galeria de personagens "típicos" que não se torna menos sedutora e convincente por ter sido moldada com as duas dimensões da verossimilhança caricatural. O conjunto ganha vibração própria e consegue recriar, malgrado o traço sintético do autor, uma ilusão de perspectiva que anima esse mural com inegável eficiência.

Ao tomar partido, do ponto de vista criativo, pela simplificação esquemática, Brancati não pretendia retroceder à comédia de costumes, gênero aliás afortunado na Sicília, onde integrava mesmo a obra de escritores de peso: o caso de Pirandello, autor de páginas definitivas nessa área tanto nas *Novelle per un anno* como nas *Maschere nude*. O que se encontrava em jogo, portanto, não era a já comprovada fluência caricatural com que o autor de *I piaceri* podia compor flagrantes ambientais e esboços pitorescos da vida siciliana. O nosso narrador tinha em mente montar, com a concisão cênica que lhe era grata, um palpitante *painel de época* dentro do qual poderia situar o drama do protagonista. Vingar-se-ia nele dos anos de estrita censura ideológica, em que tais temas não podiam nem mesmo ser aludidos, reproduzindo, com toda a minúcia, o fastígio burlesco do regime derrubado, mas sem esquecer, também, as gritantes contradições da classe média que com ele conviveu em paz. Semelhante definição ambiental, por se pretender muito atenta, vai conduzir o romance a uma aderência cada vez maior aos humores caprichosos da língua falada.

De maneira bem mais rigorosa do que acontecera nas narrativas anteriores, em *Il bell'Antonio* Brancati vai tentar justapor-se à entonação regional siciliana, cindida, no dia a dia, entre "dialeto" e "fala/escrita culta", "linguagem letrada" e "vernáculo" — vernáculo aqui no sentido próprio de "fala nativa", "fala da terra", com toda uma conotação de rudeza e primitivismo. A firme decisão de simbolicamente aderir ao espírito da fala local vai convulsionar, *desde dentro*, o discurso narrativo, trincando-o com toda a consciência. O autor aceitava partilhar o texto entre a inventividade agressiva do cotidiano dialetal, ou contaminado pelo dialeto (que dispõe do sarcasmo simplificador de "linguagem baixa"), e as coordenadas da tradição erudita de "estilo alto". Durante todo o livro, o estilo alto vai ser ironizado pelo romancista em nível de quase paródia, mas — como era inevitável — nem por isso deixa de ser empregado como o meio expressivo último de escritor "culto". Da entonação regional Brancati recolhe a exuberância característica da orquestração do romance, que assume a visão popularesca da comicidade solta, esquemática e mecanizada, além de aderir a uma inventiva verbal petulante, que tem algo de pasticho macarrônico. Da *Kulchur* de convenção, sopesada com veia humorística, utiliza registos estilísticos, conquistas técnicas, convenções ficcionais, que conforma à sua parola altamente estilizada. Utilizando as duas linguagens, Brancati permanece entre uma e outra, aproveitando de ambas aquilo que melhor rendimento oferecesse à obra — como o faria nas mesmas condições qualquer outro criador igualmente ambicioso.

Aliada ao temperamento cênico do narrador, essa aderência ao tom veemente da expressão oral faz com que boa parte do texto de *Il bell'Antonio* se apoie nas falas dos personagens. Diálogos de uma constante teatralidade, consequência indivisível do temperamento histriônico dos figurantes, ocupam pelo menos metade do texto novelesco, que aliás se encerra com mais um deles — por telefone (e o telefone aí funciona, aliás, como condutor de bom número dessas falas). Sem esquecer a função, muito secundária, que diários e cartas também exercem na estrutura narrativa, os diálogos constituem o elemento preferencial do autor para definir personagens e acelerar o enredo. O mais notório deles seria a minuciosa "confissão" de Antonio a Ermenegildo, que se prolonga, com variados requintes sadomasoquistas, pelos inteiros capítulos VIII e IX — narrativa que, do início ao fim, não esconde o travo de paródia. Sejam lembradas ainda as sucessivas entrevistas do notário Puglisi com os Magnano pai e filho, da *Signora* Rosaria com padre Raffaele, de ex-sogra com ex-nora, de Alfio com o frade Puglisi, entre ex-marido e ex-mulher... A que se deve somar ainda, após a catástrofe central, outras conversas entre os primos, os delírios políticos anti-hitlerianos de Edoardo na Federação Fascista, todas as animadas reuniões dos opositores do regime no escritório do advogado Bonaccorsi, sem esquecer as derradeiras reflexões que Ermenegildo vai confiando ao sobrinho rua afora e depois no interior da Igreja da Collegiata, ambos ajoelhados por comodidade diante do altar-mor.

Permeia assim todo o texto essa oralidade declamatória, que, em geral, regista quase sempre monólogos paralelos — alguns de uma pungência patética no seu egotismo confesso e professo, outros atingindo as dissonâncias mais agudas do absurdo grotesco, a fim de provocar hilaridade no leitor. Semelhante procedimento acaba por atribuir ao romance aquele andamento de ópera-bufa, de farsa a ser musicada, que constitui uma das características exteriores mais vistosas de *Il bell'Antonio*. O seu avesso, no entanto, encontra-se no sóbrio intimismo de outras passagens que contrastam essa incômoda exuberância imatura; nelas fazem-se presentes as qualificações de Brancati fino psicólogo, leitor atento da grande literatura, ele também escritor maior. Fragmentos como a da casta embriaguez do entusiasmo amoroso de Antonio antes do casamento (o clima de euforia instável da breve romança de Schumann na *Quarta sinfonia*), onde uma aura nietzschiana de plenitude se esboça em projeto que, naquele momento, parece estar de todo ao alcance da mão dele. Ou no registo de outras sensações fugidias do anti-herói: a angústia de Antonio a sentir no travesseiro conjugal as batidas brancas do coração de Bárbara, ou o seu desespero a rondar surdamente, noite alta, o palácio Bronte.

Il bell'Antonio é assim um romance sui generis cuja abordagem tragicômica possibilita ao autor assumir determinada mistura de estilos e gêneros. Nele têm lugar "gracejo, sátira, ironia e mais profundo significado", como no título da comédia romântica de Christian Grabbe. Programa ético e estético, mais do que simples enumeração de diretivas, ele diz respeito a toda a obra de maturidade de Vitaliano Brancati. Pois o retrato sardônico que o narrador compôs do ambiente de que se tornaria cronista, tomando o atalho da ironia e da sátira e, mesmo, alguma vez, da troça com sabor de farsa, não esquece nunca um significado mais profundo e pungente. O leitor atento saberá encontrar esse sentido nas sofridas entrelinhas de *Il bell'Antonio*.

1987

Pano para manga

As estações reunidas aos pares: a temporada outono-inverno e a de primavera-verão. Conforme a trama dos tecidos pesados ou mais leves, escuros e luminosos, que têm de ser consumidos pelo público que conta e sabe pagar. A mudança das estações indicando a transitoriedade veloz das quadras do ano e as novas exigências da moda-modernidade. Impressão: *Dia de chuva na Place de l'Europe* (1877). As figuras, nos seus abrigos leves, recortam-se em relevo contra o fundo grisalho da tela de Gustavo Caillebotte; o foco da imagem é firme. Mais que "impressão", forte presença dos personagens no espaço entreaberto em leque, que os gomos sombrios dos guarda-chuvas sublinham. Um flagrante reconstruído durante semanas seguidas pela aplicação insana do artista, a fúria de pinceladas e arrependimentos. Quase como a soma das partes no todo de um vestido de alta-costura descrito por Madame de Ponty nos seus entrecortados editoriais, cintilantes, da *Gazette du Monde et de la Famille*. Marcel Proust não dirá, mais tarde, que desejava a sua obra talhada ao mesmo tempo como uma roupa e uma catedral? Catedral que ele pensaria decerto submersa nas diferentes gradações de luz aveludada com que Claude Monet, na famosa sequência de telas, inundou a Sé de Ruão. Quanto à vestimenta, estaria aludindo à textura sinuosa da sua escrita, onde tinha espaço para abrigar gesto e movimento, graça e malignidade, oferta e ironia, langor e negaceio, dando todo o pano à desmedida inventividade dele, autor.

Pintar. Vestir. Desvestir.[1] Com a vista. Com o tato. *Sur la robe elle a un corps** (Cendrars, sobre os vestidos "simultâneos" de Sonia Terk). Cor. Dizer com a cor e as formas. Afirmar, significar, mesmo, principalmente por absurdo: colada sobre a pele em pleno inverno a túnica pseudoática 1810; os triângulos superpostos do vestido Restauração; o tundá, com o tufo de todas as suas anáguas, "sem esquecer a de cor vermelha"; a gaiola ambulante da crinolina, rangendo de leve debaixo do *moiré antique* ou do *satin à la reine* de metragem generosa, da qual Baudelaire observa o sugestivo balanço e o soerguer-se constante, que entremostra a pata da gazela; anquinha "Pauline 1880", com a mola retrátil que fica chapada quando a dona vai sentar-se. A imitação do que "está na moda na corte" pelas classes médias e pela província. Moldes remetidos por correspondência desdobrados em cima da mesa. O farfalho surdo da tesoura cortando pano, agora pousada junto às fitas métricas, agulhas, alfinetes, carretéis — mesmo sem nenhum apólogo machadiano ao alcance da mão. Afã das costureiras em

---

1. Feydeau vai jogar de modo hilariante, nas farsas dele, com a dama infeliz na escapada que, num passe de mágica, tem de saltar do *deshabillé* clandestino em que se abandonava para um decoro vestimental reconquistado a toda velocidade. Encaixar-se, nesse piscar de olho, por dentro dos complicados indumentos do tempo, desde o grau zero do espartilho — que para redesenhar a silhueta exigia o apoio enérgico de um(a) colaborador(a) —, não era problema de fácil solução.
* "Sobre o vestido ela tem um corpo."

torno da sinhazinha, conformada, braços largados, que não dá um pio em meio a elas. *Et les servantes de ma mère, grandes filles luisantes...** (Saint-John Perse, *Eloges: Pour fêter une enfance.*) "Moda." Escrita. Tipografia. Compor bem, firme; nitidez, elegância. Forma. Se possível, cor. Estilo. Propriedade antes de tudo. Respeite os gêneros: campestre, passeio, traje de montaria, de caça, esporte, a rigor; prêt-à-porter de redação; vestido de gala, casaca e condecorações. Cada coisa a sua hora. Disciplina tão severa apenas seria possível aos ociosos apatacados que vão cronometrar as horas do dia segundo as exigências das sucessivas ocasiões mundanas. Barbey d'Aurevilly e Baudelaire referem-se ao espantoso estoicismo do *Dandy*, que o torna cerebrino e, aos melhores exemplares da espécie, autênticos intelectuais. Modelo imitado com escasso êxito pelos aprendizes de elegância, pois a dita cuja, substantiva e despojada — Balzac já havia anotado isso no manual dele sobre a matéria —, é bem inalienável, nasce e morre com o aquinhoado.

Mas também as damas "reguladas pelo high life" (para falar com a sábia, experiente, Madame de Ponty) sofriam obrigações vestimentares não menos lancinantes. Felizmente eram assessoradas em todos os pormenores, observações e adendos incluídos, por algumas publicações que se desejavam "exclusivas". O caso, por exemplo, da diversas vezes lembrada *A Moda mais Recente: Gazeta da boa sociedade e da família*. Quinzenário que representa o estágio evoluído de algo que começou como um catálogo muito seleto de "endereços confiáveis", *les bonnes adresses*, que a gente fina poderia recorrer. Nada, portanto, da listagem indiferente e utilitária das grandes lojas classe B — como *Au Bonheur des Dames*, do romance de Émile Zola. Uma revista diferente, que assumia a responsabilidade de conselheira segura do gosto. Uma

---

* "E as empregadas de minha mãe, mocinhas reluzentes..."

revista que se encarregava não só de selecionar os modelos de vestidos mais requintados, de apontar as lojas de nível supremo, mas ainda de inserir no corpo da publicação textos dos escritores que "valiam a pena" — só destes. Modelo imitado em versão modesta pelos diversos *Jornal das famílias* e *A Estação*, a serem em breve publicados na remota cidade do Rio de Janeiro, na América do Sul — apesar das advertências a respeito de contrafações e imitações estampadas em cada número de *La Dernière Mode*. Uns tempos mais tarde, mestre Stephane Mallarmé, recostado na meia torção da tela de Édouard Manet que o retrata, vai permitir-se dizer num meio sorriso: *Madeleine de Ponty c'est moi... Si ce ne fut qu'un moment... Quatre mois...**

Em *O espírito das roupas*, Gilda de Mello e Souza consegue desenhar, com o traço fino e desimpedido que é seu, o panorama abrangente de certa situação em acelerada mudança. Descreve e interpreta assim, com a habitual sutileza, as vicissitudes pelas quais passou a vestimenta pelo "estúpido século XIX" afora: o "século dos suspensórios", da fumaça das fábricas, das aglomerações de massa nas cidades, do capitalismo selvagem sem máscara, dos levantes libertários, esmagados com violência. Século vituperado pelo saudosismo "bairros bem" de Léon Daudet, mas do qual germinou tal como é a nossa pobre idade rica da tecnologia avançada. Período singular, esse Oitocentos, durante o qual a moda, filha que era da revolução industrial e da máquina a vapor, vai alcançar mobilidade e abrangência condizentes com as novas conquistas da modernidade. Era, portanto, em que o fenômeno do gosto e do consumo ganha outra ênfase e varia conforme precisos sobressaltos, sabiamente manipulados por uma nascente indústria, que logo sopesa e regista um vasto horizonte de lucro.

---

* "Madeleine de Ponty sou eu... Nem que seja apenas por um momento... Quatro meses..."

As conquistas técnicas sucedem-se então com rapidez surpreendente. Entre elas, decisiva, a utilização racionalizada da máquina de costura, que tem início na Alemanha e nos jovens Estados Unidos, e cujo emprego, em escala industrial, é implementado no decênio 1860. A partir daí a moda amplia os voos e os supostos "caprichos". Mercadeja com as disponibilidades das manufaturas de lã britânica e com o beneficiamento do algodão norte e sul-americano. (Degas pinta em 1873 o *Bureau de coton à la Nouvelle-Orléans* em que a família dele tinha interesses.) Tem lugar atenta estruturação do mercado produtor e distribuidor — a instalação dos *grands magasins*. Luxo que se torna descartável após cada estação, a dinâmica do negócio vai surpreender os próprios agenciadores com o vigor e a elasticidade do seu alcance.

Assim, a partir da "capital do século xix" — portanto agora em nível de projeto planetário —, essa operação vai logo ser coordenada por um novo personagem, que tem algo de demiúrgico: o estilista da roupa feminina. Esse recém-chegado, o Grande Costureiro, logo compõe um tipo e ocupa lugar no centro do palco da moda. Temperamental e atrabiliário, quando não mesmo estudadamente insolente, assume com eficácia a situação de déspota do "gosto da estação". Esse protótipo arrivista aparece — e não será por acaso — durante o reinado de Napoleão iii, monarca que (como ele) se fez por si mesmo a golpes de agudeza, pertinácia e finura oportunista. O patrono da nova classe será o famoso Worth, modista do círculo que gira em torno de Eugênia de Montijo, agora imperatriz dos franceses. O "fenômeno" mereceu uma página perplexa de registo nada menos do que do grave Hippolyte Taine.

De agora em diante, Paris vai dividir com Londres — que detém o primado da indumentária masculina desde o fim do Setecentos, quando estabelece as coordenadas do bom-tom Jockey Club — as matrizes da indústria internacional da moda, conforme o ritmo binário das roupas primavera/verão e outono/inverno. Não constituindo mais privilégio de casta, torna-se ela, na sociedade dita "democrática", a diferenciadora por excelência de status, além de signo certeiro de "contemporaneidade" cultural; a ela estarão umbilicalmente ligados os *happy few* contíguos à informação em estado puro que significa dinheiro e poder. Agilmente manipulada conforme as coordenadas do consumismo, corolário da expansão industrial, a moda torna-se adaptada ao grande público, com as gradações de qualidade e simplificação disso decorrentes. Estava, portanto, definido o seu ciclo enquanto conjuntura da modernidade.

Decidindo tornar-se historiógrafa das vestimentas e das suas variações registadas durante o século XIX, Gilda de Mello e Souza volta-se para o problemático "gosto geral da estação", passando-o pelo crivo fino da análise estética, psicológica e sociológica. Nos cinco movimentos desse ensaio ela trata de definir a coerência do fenômeno "moda", relacionando-o com a estrutura social, conforme os diferentes níveis problemáticos em que ela se apresenta. A serena segurança com que empreende a análise desses diversos significados deixa bem claro que ela aí está levando avante uma reflexão desenvolvida pouco a pouco, com atento cuidado intelectual. Partindo da consideração provisória da vestimenta enquanto linguagem artística possível, passa para a definição minuciosa do antagonismo visual das indumentárias dos dois sexos — imagem das oposições sociais vividas por estes — para, em seguida, embrenhar-se nas singularidades da cultura feminina e nas diferenças e antagonismos de classe que existem no interior desse mundo. O estudo conclui com o situar das roupas de gala na atmosfera rarefeita do regozijo e da festa, pois é no contexto desta última que a indumentária feminina alcança a sua latência máxima — porque é transmudando a prosa cotidiana do trajar em fantasia poética que o vestido cumpre plenamente o seu encargo transfigurador em relação à pessoa que veste.

Lembro-me perfeitamente do entusiasmo de Augusto Meyer, em 1954, ao concluir a leitura desse texto nas páginas da *Revista do Museu Paulista*. Comentando o desenvolvimento geral e passagens específicas do estudo, com o fervor que reservava para essas ocasiões de euforia intelectual, perguntava quem poderia ser a autora do trabalho, que julgava fora dos parâmetros do nosso ensaísmo, fosse pela originalidade da temática desenvolvida, fosse pela qualidade, equilíbrio e elegância do discurso. Realmente, a futura escritora de *O tupi e o alaúde* dava a medida do seu talento com esse "exercício de leitura" em que analisava e interpretava com transparência uma época tão ondulante e uma questão fugidia e complexa quanto a moda. Monografia pioneira, que no primeiro estado apareceu comprimida numa publicação de circuito restrito, volta a circular com veste condigna, amplamente ilustrada, agora trazendo em epígrafe uma passagem do exuberante *Remendão re(e)mendado* de Thomas Carlyle — autor que, nesse texto curioso, devolve à tradição de Laurence Sterne um pouco do que aí bebeu Jean Paul Richter. Embora bem distante das abrangentes filosofanças humorísticas do carlyliano professor Teufelsdröckh, que discorre ali sobre a influência transcendental do traje e do mesmo tecido na história da humanidade, este *O espírito das roupas: A moda do século XIX* não consegue esconder, atrás da sobriedade sutil do texto expositivo, a sensibilidade literária perspicaz, impregnada de discreto senso de humor, que completa o límpido olhar crítico da autora. Entre a veste-real e a veste-imagem (que são os dois terminais da leitura no sistema de significação da moda, cujas leis internas Roland Barthes tratou de compilar em 1967), Gilda de Mello e Souza consegue recriar a veste-escrita com toda a precisão de sua linguagem, que desenha para o leitor em traços definitivos uma apaixonante história das formas no século xix.

1987

Sobre a iconografia no Museu de Arte Sacra

O acervo de pintura do Museu de Arte Sacra de São Paulo formou-se da reunião de coleções e doações de proveniência diversa, ao acaso daquilo que foi possível preservar ou mesmo salvar num período de acelerada mudança de padrões de gosto e sensibilidade. Mudança que acompanhava, inevitável, a violenta modernização de São Paulo, fruto do enriquecimento vertiginoso do ciclo do café oitocentista e do impacto de vastos contingentes migratórios que, conforme é bem sabido, entre 1880 e 1910, acabam por substituir o povoado de taipa por uma outra cidade de tijolo e alvenaria.

Recolhendo telas e painéis de vária origem, que documentam diversos níveis de espiritualidade regional do Planalto e de regiões vizinhas, com destaque para peças de fins do século XVIII e primeiros decênios do XIX — obras ligadas à história eclesiástica paulista, à tradição das ordens religiosas, à devoção popular —, tal acervo se ressente de maior unidade de conjunto, dadas as circunstâncias algo especiais, também nossas conhecidas, que permitiram a sua constituição no início do século xx, enquanto um pioneiro Museu da Cúria Arquidiocesana. Iniciativa do prelado sensível, que teve consciência da sua responsabilidade histórica e soube respeitar, à margem do gosto predominante do tempo, voltado para supostas perfeições acadêmicas, as formas da devoção antiga expressas em linguagem tida como tosca ou rasamente ingênua.

Assim, no campo da pintura local, vieram a ser recolhidos os grandes painéis representando os doutores da Igreja e os imponentes ovais dos Quatro Evangelistas provenientes do Recolhimento de Santa Teresa paulistano, obras dotadas de um grafismo nervoso e afirmativo na sua aparente estaticidade, e que a tradição chegou a atribuir ao padre Jesuíno do Monte Carmelo — suposição afastada com boas razões por Mário de Andrade na sua notável monografia sobre o mestre ituano.

De vários outros recolhimentos e igrejas que iam sendo suprimidos ou demolidos, como a Igreja dos Remédios (de onde provém a grande *Anunciação* pintada em 1834 por Joaquim de Gugos), do Seminário da Glória, da Sé velha, da Capela de Carapicuíba, do Convento de Santa Clara de Taubaté (origem da Senhora da Conceição em meio aos seus emblemas místicos, tábua de um lirismo e de uma nitidez tarsilianas), posteriormente do mesmo palácio arquiepiscopal, outras peças chegaram. Quase todas, em especial aquelas de porte avantajado, já então pesadamente "edulcoradas" (a expressão é de Mário) durante a segunda parte do século passado por sucessivas repinturas, quase sempre ineptas. A incompreensão, aliada à perda de referência às sutilezas e alusões do artista original e às coordenadas do sistema criativo dele, somava-se à suficiência de um aprendizado pseudoacadêmico; o resultado desse movimento de "avivar" a pintura tradicional foi deformar o frescor original, apagando ou adulterando os seus valores muitas vezes de modo irreparável.

A esse núcleo de pinturas foram acrescentados, por doação ou aquisição, alguns exemplos de pintura mineira setecentista: painéis sobre madeira, bandeiras de procissão, decorações rococó que documentam a variedade e a riqueza do surto civilizacional das Gerais no século do ouro. Expressivas também as séries dos Mistérios Gozosos, Dolorosos e Gloriosos do baiano Bento José Rufino Capinam (1791-1874 — doação de Pirajá da Silva) e de Jorge Pinto Vedras (1800-65), mestre-pintor ativo em São Paulo, pelo menos do decênio de 1840 até a sua morte. Vedras, aliás, é o autor da *Assunção da Virgem* que recebe o visitante na Capela do Convento da Luz, vasto painel concebido segundo as coordenadas do "gosto velho", segundo gravura de missal setecentista. Peças avulsas, em geral de pequeno porte, da pintura do Alto Peru e da Ouvidoria de Quito, têm o seu ponto alto na tela de tradição sevilhana, mas realizada na América Andina, em que a Virgem, vestida com vibrante túnica encarnada, entrega a são Domingos o rosário, enquanto no seu colo Jesus Menino abençoa a cruz que são Francisco lhe apresenta. Isolada nesse acervo, mas obra de interesse evidente é a grande tela italiana seiscentista, que se aproxima do fazer de um Francesco Solimena, a *Sacra conversação* — com a Virgem, o Menino que desposa santa Luzia, tendo ao lado o mártir são Sebastião e anjos infantes, de uma suave assimetria ascensional. Exemplo expressivo de devoção contrarreformista erudita em contexto.

A série de retratos dos prelados que ocuparam o sólio episcopal paulistano constitui, por seu lado, exemplo expressivo da evolução do gosto iconográfico desde fins do século xviii a princípios do xx. Do Setecentos parece subsistir apenas a tela que representa o primeiro bispo, d. Bernardo Rodrigues Nogueira, milagrosamente salva das sucessivas repinturas por uma restauração discreta. No entanto, devem datar já dos primeiros anos do Oitocentos tantos aqueles de d. Frei Manuel da Ressurreição e de d. Mateus de Abreu Pereira, respectivamente terceiro e quarto antistes — o de d. Mateus captando bem os seus traços *aindiados*, num grafismo envolvente, que o integra como cenário de fundo — efígie devida a um apreciável mestre-pintor provinciano de desenho seguro. Pelo teor do modelado, colorido sutil, elaboração do jogo de luz e sombra — de todo alheio àqueles já referidos —, pelo mesmo letreiro de risco classicizante, o retrato do segundo diocesano, d. frei Antônio da Madre de Deus Galvão, deve ter sido executado tardiamente, tão próxima parece estar a sua fatura daquele em que Simplício de Sá, retratista da Imperial Câmara, figurou em 1828 d. Manuel Joaquim Gonçalves de Andrade; trata-se, decerto, de substituição de efígie anterior, que já então, cerca de 1830, encontrar-se-ia imprestável.

Mais adiante no tempo, dentro da sequência dessas representações, apresenta interesse o clima de hiper-realismo romântico daquele de d. Antônio Joaquim de Melo, que o inglês James Stewart, ativo em São Paulo na segunda metade do século, declara ter "copiado" em 1871 — de um desenho preparatório para litografia ao gosto das de Sisson? De um daguerreótipo? De um ambrótipo com sugestão cromática?

O ponto de vista alto, as cores claras, a curiosa postura do efigiado valorizam-no em meio ao indiferente realismo documental daqueles que se seguiram, inclusive o de d. Joaquim Arcoverde, pintado — ao que parece, sem maior empenho — por Almeida Júnior em 1897. (Stewart é autor também de um convincente retrato do cônego Vicente Pires da Mota, a meio-corpo, num sóbrio fundo escuro.) Já a evanescente elegância de fórmula boldiniana, com o seu desfocamento amaneirado, daquele de d. Duarte Leopoldo por Henri Bénard (1913) é sinal dos tempos e registo eloquente do cosmopolitismo mundano belle époque; decerto foi oferecido ao criador do Museu da Cúria por senhoras devotas da primeira sociedade, inconformadas com a discrição e a modéstia do primeiro arcebispo da, já então, "metrópole bandeirante".

A tradição de renovar através de cópia retratos que às vezes a incúria, às vezes acidentes, às vezes a mesma insuficiência do pintor — tecnicamente indefeso diante dos agravos do tempo — fez com que, no final do século passado, a imagem do fundador do Recolhimento da Luz, o benemérito frei Galvão, fosse refeita, a partir do original arruinado, por um pintor de alguma nomeada entre a alta classe média fluminense: Augusto Petit. Petit, assinando e datando a sua cópia (1898), procurou seguir a versão primitiva, inclusive reproduzindo a didascália existente na parte inferior do painel original, sem abandonar o modelado contrafeito das feições fixadas pelo riscador oitocentista, acompanhando-o numa mimese arcaizante. Dessa versão de Augusto Petit, tirou-se o painel de azulejos encaixado no interior da galilé que dá acesso à Capela do Convento.

À série de representações episcopais antes referidas juntam-se algumas efígies régias e pontifícias setecentistas: as de d. João v e do papa Bento xiv, criadores da Sé paulistana (telas trazidas pelo primeiro bispo em 1746 e por ele legadas à sua catedral); a de Clemente xiv, papa Ganganelli, alusiva ao reatamento das relações da Santa Sé com o reino de Portugal; de d. José i e da sua consorte d. Mariana Victoria de Espanha; de d. Maria i e do seu filho d. José, o penúltimo príncipe do Brasil — malogrado candidato de Pombal à sucessão direta do avô de que era homônimo, saltando por sobre a mãe devota. Todos eles, exemplos de iconografia convencional, produzida, com ligeiras variantes, em cópias múltiplas, pelas oficinas dos mestres-pintores secundários do reino para fins de representação oficial. Fato, aliás, comprovado pela existência de um segundo exemplar da efígie de d. José i, quase igual à citada acima, e ambos reduções da grande tela hoje recolhida ao Paço Ducal de Vila Viçosa, em que El-Rei, envolvido no manto de arminho, empunha o cetro e descansa a mão sobre a coroa.

A eles veio juntar-se um retrato de d. Pedro II, imperador em minoridade, que aí aparenta seis para sete anos. De pequenas dimensões, pintado por Francisco de Souza Lobo por volta de 1832, pertenceu à Câmara Municipal de Campanha da Princesa, na província de Minas, onde — findo o período regencial — foi substituído por outro do soberano homem-feito. O sabor especial dessa tela — com o seu compromisso entre o erudito e o popular, que assume, sem maior problema, a função de miniatura amplificada — parece prolongar, em aluno de Debret e de Simplício, alguns retratos do último período da Escola Fluminense: pelo cuidado quase escolar do desenho, que define, com ironia involuntária, a proeminência habsbúrgica do queixo menino, os grandes olhos assustados, o cacho que se destaca da massa do cabelo. Uma versão dessa pintura de Lobo (ele se firma assim no canto central esquerdo), apenas ligeiramente inferior em medidas (40 × 35 cm), encontra-se no Paço da Cidade (Hofburg) de Viena d'Áustria; aparece reproduzido em preto e branco e sem atribuição de autoria no fólio *Retratos da Família Imperial do Brasil em Viena*, coligido por Roberto Assumpção de Araújo e editado, em 1956, pelo Serviço de Documentação do MEC.

Já a efígie do Segundo Imperador grisalho, que pintou em 1881 Elpinice Torrini, reproduz de forma baça um dos protótipos oficiais — o soberano fardado com a banda de todas as ordens do Império — consagrados por Delfim da Câmara e Victor Meireles. Torrini, ativo em São Paulo no fim do século, foi muito ligado à Cúria Diocesana, que dele possui retratos de vários dos seus dignitários, todos sem maior interesse.

Também muito ligado à Cúria, já neste século, foi Benedito Calixto. Católico fervoroso, embora apenas excepcionalmente pintor sacro, em 1906 foi escolhido pela mitra a fim de fixar o episódio trágico do naufrágio do vapor *Sírio*, no qual pereceu o décimo segundo bispo de São Paulo, d. José de Camargo Barros. De data anterior, o Museu de Arte Sacra possui dele uma tela de assunto devoto e temário localista, *Anchieta amansa as feras na selva*, figuração do célebre episódio referido e ilustrado no panegírico seiscentista que o padre Simão de Vasconcelos dedicou ao taumaturgo; pintado em 1898 para o Seminário da Glória, foi integrado ao acervo do museu.

Mais tarde, durante todo o decênio de 1920, o pintor santista reproduzirá aspectos da arquitetura religiosa urbana de São Paulo, já desaparecidos ou em vias de desaparecimento com o impacto da modernização, a partir dos célebres ciclos de fotografias com que Militão de Azevedo fixou, com prazos de vinte anos, aspectos da capital — um trabalho de caráter ao mesmo tempo didático e afetivo, que estimulava o curioso programa museográfico levado avante por Afonso Taunay no Museu Paulista. Toda uma série de pequenas telas em cores claras e pinceladas decorosas foi assim executada, registando para a memória do visitante do museu os edifícios religiosos de antanho.

Contudo, a sua obra mais ambiciosa nesse acervo teria de ser o surpreendente painel *O naufrágio do Sírio* (160 × 222 cm), encomendado a fim de ornar de modo edificante o palácio arquiepiscopal paulistano — onde devia ficar simétrico a outra ampla tela, esta do italiano Carlo De Servi: *O bispo dom Alvarenga ministra a extrema-unção aos pestíferos de Piracicaba* (1903).

Ao contrário desta, composição pacata, em tons sombrios, o *Naufrágio* constitui uma das mais maquinantes e "absurdas" obras da pintura acadêmica do país. O assunto era em extremo ingrato para um pintor acomodado na paisagem — campo em que Calixto produziu pelo menos uma autêntica obra-prima, a panorâmica *Vista do Porto de Santos*, medalha de ouro do Salão Nacional de 1899, que pertenceu à Companhia Docas de Santos,

hoje numa coleção particular paulista; obra na qual o artista se encontra substantivamente com aquilo que melhor se fez nessa área durante todo o século XIX brasileiro.

Assim, a vasta composição encomendada pela Mitra acaba por constituir uma inverossímil transposição, patética e inerme, das tricromias de capa que divulgavam os suplementos ilustrados contemporâneos, no gênero do *Corriere del Popolo* e similares. E a perplexidade do autor está patente no tratamento decididamente oleográfico dos figurantes, centrais e secundários, estes últimos quase todos enovelados ao fundo, num convulsivo efeito de atropelo, afinal mais estático que dinâmico, e que acaba por prolongar a singular natureza-morta do primeiro plano. Esses despojos, sapatos e peças de vestuário abandonados, de uma nitidez minuciosa, quase repulsiva, como que alcançam o terreno do insólito com o inesperado ímã de realismo mágico, em que patético e humorístico se superpõem de modo surpreendente.

Note-se a paginação extraordinária do personagem cortado ao meio do primeiro plano — extremidade direita de quem olha a tela —, já descalço, arrancando o colete, e que abandona o navio e o quadro. Ou então a cena fulcral do drama, a bênção última do bispo, aos pés de quem se recolhem dois beneditinos alemães e o arcebispo do Pará — este já garantindo a boia com a qual se salvou. O tratamento inteiramente idealizado dos dois monges louros, especialmente do mais jovem, contrasta com a literalidade do retrato do diocesano, meia-idade, traços mestiços, estabelecendo uma oposição dissonante que se torna irônica sem o querer. A figura assombrada da jovem mãe que irrompe da esquerda, carregando o seu bebê de olhos estatelados, e o atropelo dos demais viajantes ao fundo aumentam ainda os elementos de estranhamento da composição. Pertencendo, sem dúvida, ao domínio do kitsch edificante, ela ultrapassa, contudo, a literalidade do seu patético/ridículo e, por uma curiosa latência, alcança como que uma atmosfera suprarreal que apela o imaginário e o encaminha imantado para o sonho e o vasto mar do inconsciente.

São poucas as peças de autores contemporâneos que integram o acervo do museu. Elas aí chegaram de forma ocasional, as mais das vezes por doação de familiares dos artistas. Este, o caso da grande tela de Anita Malfatti, *Ressurreição de Lázaro*, de 1928, oferecida após o desaparecimento da grande pintora; uma obra que, em outras eras, teria sido colocada sobre o túmulo dela, se os artistas ainda fossem inumados no interior das igrejas. Composição em tons claros, de singular sentido decorativo, com intersecção vigorosa de tensões verticais e horizontais, apela para uma linguagem alusiva de talhe neossimbolista, reminiscente de sugestões tanto de Maurice Denis como de Ferdinand Hodler, na qual o Cristo diz para o ressuscitado: "Eu sou Vida, eu não sou

Morte". Mais modesto, o *Santo Onofre* de Aldo Bonadei (1932) define-se segundo um luminoso goticismo expressionista que, por seu lado, alude à devoção ascética dos retábulos "metafísicos" de um Cosme Tura e de um Matthias Grünewald. Sem esquecer alguns desenhos de Samson Flexor e de Galileo Emendabili, tem presença toda especial no acervo a *Via Sacra* do mestre José Antônio da Silva, cujo colorido esfuziante e o poderoso ritmo gráfico constituem notável exemplo da criatividade nativa. Criatividade que, com a sua impetuosa invenção, liga-se naturalmente às mais notáveis invenções dos mestres antigos da capitania e da província de São Paulo.

1987

PARTE III

CORREIO NOTURNO
(*Poesia*)

PROF.
ALEX. EULÁLIO PIMENTA DA CUNHA.
AV. PRADO JUNIOR 63, AP. 504.
RIO DE JANEIRO GB.
BRASILE.

. MURILO MENDES . 6 V.
Del CONSOLATO . 00186
ROMA .

LT é a sigla internacional do telegrama noturno com tarifa reduzida (*night letter*). Dá direito a um número suplementar de palavras. Custa menos que o radiograma normal. Prático. Objetivo. Indolor. Quando o movimento das transmissões amaina, altas horas, o telegrafista se volta para ele. Então assesta o visor e, debulhando o texto antes de o cifrar de novo, metralha o recado. Em fila uma atrás da outra, as palavras atravessam em silêncio a noite, no voo secreto das aves emigrantes.

Este LT foi escrito em sonho ao poeta de *O visionário*. Por isso tateia, tropeça, voa aos arrancos, fala alto, geme, ri sozinho: tem os olhos fechados e respira forte. Vai desenhando, desajeitado, uma espécie de itinerário mitológico de Murilo, apoiado em troços e destroços de versos dele. Excessivo como qualquer sonho, rompe as linhas reservadas para o texto e as boas maneiras. Com espanto do próprio expedidor e certo susto do destinatário, transborda para as próprias margens. Debaixo dessa luz fosforescente, desabrocham grandes flores carnívoras, os sinais visíveis do poeta, seus rastros dentro do mundo: o nascimento (no décimo terceiro aniversário do Treze de Maio), a aprendizagem da levitação (o cometa de Halley; Nijinski, "O pássaro de fogo"), seus momentos profundos (amizade, amor, Roma). Pouco prática, nada objetiva, doída de pancada é a carta noturna do sonâmbulo ao mano mais velho, sempre cada dia em pânico e em flor. (AE)

NOTA DO ORGANIZADOR

O poema foi escrito em Veneza e Roma, entre 10 e 15 de maio de 1971, quando Alexandre Eulalio já acalentava realizar seu filme dedicado a Murilo Mendes. Salvo engano, serviu como pré-roteiro das filmagens, que infelizmente tiveram de se desdobrar em dois tempos: 1971 e 1974, devido a acidentes com o primeiro material gravado. O documentário, concluído em 1977, recebeu o título de Murilo Mendes: A poesia em pânico.

Não deve causar surpresa, portanto, o abuso das referências cinematográficas: "Cineroma ferraniacólor" (a película italiana), "Beaulieu 16" (nome de câmera francesa), "accattona", "pierpáola" (ambas dirigidas a Pasolini), "bertoluccia", "rossellina", "taviania sovversiva" (aos irmãos Taviani e seu filme I sovversivi) *etc. O postscriptum do poema foi mantido no filme na mesma posição.*

Alexandre Eulalio não viu seu poema publicado na íntegra. Preparou pessoalmente um primeiro boneco da brochura e contou com a colaboração do artista plástico português Charters de Almeida, que para ele desenhou alguns grafitos, e do designer Carlos Queiroz para criar o projeto gráfico definitivo (em novembro de 1982). Não se conhecem os motivos que impediram o elaborado voluminho de ganhar o acesso das impressoras; continua à espera delas enquanto repousa em pastas no Centro de Documentação Cultural

Alexandre Eulalio (Cedae) do Instituto de Estudos da Linguagem (IEL) da Unicamp.

LT a Murilo Mendes
no 13 de maio de 1971

a Tudo se passa diante da janela enigma/ *Janela do Caos*
Gente de cartapesta travertino
miolo de pão camurça metamorfoses
roxelane plexiglass/
Eles dançam a conga de vidro/
Cidades múrmuras sozinhas
desfiam seus mottos de azul e vermelho/
A passadeira lilás do Cassino
a bíblia molecular o decote de brilhantes o testamento do cachorro
o ceticismo dispéptico
descoram desabotoados/
Aprender a ler/ método Paulo Freire
Com humildade/
O clarão eletriza a alegoria light & power
— como em Giorgione/
Ele soletra o caos
e não se assusta

b   Le siècle avait deux ans   conta de chegada
     e già qualche dente avvelenato/
     Na torre atômica todos os anos   *Tema de Calderón*
     uma rainha de nome Isabel   os idos de maio
     escrevia soluçando — pena de ouro
     preto tinta invisível —
     a data mágica. Depois sumia.   número áureo
     (Liberdade
     poesia ainda que tardia: quæ sera tamen
     a História circula insatisfeita   *Chuva em Castela*
     ao largo da planície autárquica)

     Vestidas por Zurbarán   entremês teologal
     costureiro do infinito
     Esperança Caridade
     Fé vão chegando/
     Altas juízas de fora
     comportam-se sem altivez
     no salão azul da Baronesa: *Murilo menino*
     com Isidoro-da-flauta
     atacam forte o Quarteto   Mozart, of course: K 285
     para o moço recém-nascido/
     Murilo é batizado
     com pura água lustral
     e música das esferas

     (Na noite forte e morna
     a flauta mágica de Isidoro-da-flauta   *Serrote*
     solando)

c   o insistente cometa   encontro marcado
     candelário calendário
     cavalo luz a galope
     sem sela nenhuma
     na praia de meteoros

d   Halley: uma candeia na mão
     murilograma de Deus ao poeta
     — é tempo

     Halley:
     fio estendido no caos
     de luz

     Halley:
     sopro e chamado e marca
     de fogo

     Halley:
     espectro da rosa dos ventos
     galáxicos

     Halley:
     o trapezista sem rede
     no tempo

e   campo grande do céu
     onde é Nazaré
     Medina-del-Campo
     Congonhas-do-Campo
     Sydney Lagos   ondas curtas
     Kyoto Nocciano

Bizerta Viedma
Vladivostok
Mineral Point

    teólogo teleológico   *Grafito de Roma*
    transverberado transiberiano
    fosfordeiscente
    o cometa indica Campostela
    Medina do Céu   mapa do céu

f   Nijinski dança   bolsa de estudos
    para o aluno salesiano

    definem-se as colunas
    da ordem e da desordem   *Os dois lados*

    a Graça enxerta o galho
    das primeiras intuições   matéria subversiva

g   — *Call me Ishmael.*   Nery se diverte
        I've seen the Captain:
        the great Old Man
        and the White Whale.   (mobile dickinson!)
        So I cannot forget.
        I floated on a coffin:
        I survived
        floating over the century
        in fury
        on a large
        black
        coffin.   the suicide club

O amigo sorri
e ensina a visão/ primeiras letras
além das aparências
as coisas cifradas
fremem impacientes/
sem vexame
o discípulo apalpa
a chaga lívida Emaús

h Amor não é fácil
mas há:
intraduzível intransferível
secreto sem pressa rallentando/
intransferível intraduzível
o senhal se torna senha/ o dançado destino
Natércia
Marília
Saudade: Saudade:
santo e senha
e verônica

i os caminhos que todos
convergem a Roma/
entre eles antiga
a estrada/ de cinza/ real
somando espaço e tempo *Finados*

Roma: espelho convexo
do tempo espelho escuro
nele refletes olho agudo

Entra nessa grande terra *Malíria* III, 15

e constrói a tua ponte
tens o fluído defronte/
decifra rápido o inútil
mineiro latim seminal/   Ubi Troja fuit
tateia o braile do tempo
seio/ pórfiro/ coxa/ acanto
tudo convida/ tudo desafia/ alegra
trai/ ai tuas montanhas distantes/   Et in Arcadia Echo
na luta cais do carro   *A Peregrinação*
essedário mal seguro   *Grafito de Roma*

Roma: vila rica
Roma: ouro preto   mémoires d'un touriste
mármore vão
petrificada espuma   *Grafito de Bernini*
Romargila/ Romaocre
inoxidável/ laminada/ encarnada
Romênstruo taurobáquica/ pianesa/
consistória Romabellia/ al sugo/   gran ben di Dio
Romatonda/ de si mesma centro/
turística mais-valia/ renascente
supermercado de Trajano/ cristilizado/
Romavona agonaval/ olímpia/ inês/ ligória/   em sossego
embaixal/ consular/ litter/ aria
pulita piazza d'Italia/ savínia/
tarsila/ resistente/ umbertina/
explosiva lambrettante Motoroma
(Rom-Rom) labirinto ensurdecido   le marteau sans maître
Romasigla: EUR ERI OVRA PSIU
FIAT FUIT EXIT DUX (HIC)
— GRR/ ARGH/ SPLASH! —
RomaEX/ buroelástica urbs/   *Grafito de Roma*

            laminada inoxidável deformada
            Cineroma (ferraniacólor Ocroma)   Beaulieu 16
            promenade/ sexofóro/ aperol/
            teocrática hamadríade verdejante
            ultramarina sipília Romarcádia/
            terminda/ florinda/ palmirena/ coronária
            Romenfarte/ inodora/ indulgente
            máriafona amãete irmana almiga/
            Rômula Romina Romuccia Romeschina/
            Angústula vilitória Romorávia/
            sombra caordial/ felina
            loba amamentosa/ ministéria/
            accattona/ eccellenza/ proletária/
            pierpáola/ bertoluccia/ rossellina
            taviania/ sovversiva Romagadda/
            Romirabile: cidade diamantina
            carbono puro/ radiativo/ cristalidado/
            fulminado carvalho tasso(táxi!)dérmico
            raiz de pedra e fronde/ chão duro   acaiaca
            excessiva dádiva dávida
            maçã muito alta/ alta demais/ verde
            verde mato verde de Roma   Hespérides
            verde Roma do Mato Dentro   Armida

  oferta   Romeiro de Roma
            caminhas entre semáforos e máquinas   *Tema de Calderón*
            pesquisando o arquétipo de onde veio
            todo esse pó que desce de Deus   *Coisas*

     (ps.   Não serás antepassado
            porque não tiveste filho
            serás sempre futuro para os poetas)   *Janela do Caos*

AUTORRETRATO LIVRE INDIRETO

Mineiro de Diamantina, nascido em 1932, Alexandre Eulalio é escritor esquivo: e até hoje não se decidiu a publicar livro. Mais voltado para o ensaio (vem trabalhando em torno de diferentes aspectos da história intelectual brasileira), ele não se interessa menos pela ficção e pela poesia; no momento, anda envolvido também com cinema. Durante anos (1956-65) foi redator da *Revista do Livro*; ensinou também algum tempo no exterior. Da sua experiência veneziana nasce, aliás, o presente poema. Endereçado a Murilo Mendes, este curioso LT repensa miticamente os temas e os passos do grande poeta de *Poliedro*. A parábola exemplar da vida de Murilo transforma-se, desse modo — a partir de um imaginário telegrama de aniversário —, numa meditação apaixonada sobre o destino do homem brasileiro e da sua sofrida identidade cultural.

c. 1976

Um eulaliograma apenas, sem mistificação

Francisco Roberto Papaterra Limongi Mariutti

Numa Antologia *de Murilo Mendes que se molhou, caindo*
Alexandre Eulalio

O livro cai na neve
da estação de Brescia
e a letra do poeta
veia azul se abre
marcando as páginas

desatado
o sangue da poesia
mancha o livro
e o sigilo
azul
indelével

O papel está molhado
um segundo
a vida se abre
branco
azul
indelével

passagem
na estação de Brescia
molhada de neve
branca
se derrama
a viagem

acordado o papel
que se enxuga
branco azul
vívido

os trens passam
na neve da estação
o livro manchado
de Brescia

*Il libro cade nella neve
della stazione di Brescia
e lo scritto del poeta
vena azzurra si apre
segnando le pagine*

*disciolto
il sangue della poesia
macchia il libro
e lo sigillo*

*la carta è bagnata
di nuovo un secondo
la vita si apre
azzurro indelebile
bianco*

*passaggio
nella stazione di Brescia
bagnata di neve
si sgela il viaggio*

*risvegliata
la carta si asciuga
azzurra bianca
vivida*

*i treni passano
nella stazione di Brescia
il libro macchiato
di Brescia*

dez. 70 Siusi, maio 71 Roma

A biblioteca que o muito conhecido ensaísta e pouco conhecido poeta Alexandre Eulalio Pimenta da Cunha (1932-88, adiante AE) montou ao longo da vida encontra-se na seção "Coleções Especiais" da Biblioteca Central Cesar Lattes da Universidade Estadual de Campinas. Formava ele ao lado de Luciana Stegagno-Picchio e do autor de *Janela do caos* a tríade dos grandes professores de literatura brasileira na Itália na virada dos anos 1960-70. Livros de Murilo Mendes, autografados, constam entre os 12 mil que pertenceram a AE, inclusive a *Antologia poética*, publicada em Lisboa, pela Livraria Morais, em 1964. O exemplar traz, logo em seguida ao autógrafo e à dedicatória, nas páginas brancas iniciais, rascunhos do poema acima transcrito, em português e em italiano.

AO MEU CARO
ALEXANDRE EULALIO,
COM UM AFETUOSO ABRAÇO,
MUITOS AUGURI
E ALGUNS ERROS DE TIPOGRAFIA,
MM
ROMA, 23.1.1966

Essa é a dedicatória que se manchou, escrita em caixa-alta, em letra de forma, provavelmente com caneta-tinteiro. Na última página branca por completo do volume consta, em letras idênticas à dedicatória, o seguinte:

EXEMPLAR CORRIGIDO POR MIM.
ROMA, NOV. 1971

Essa data significa que o livro retornou a Murilo Mendes, antes de acompanhar AE na viagem de volta ao Brasil, pouco tempo depois. E significa também que o autor de *Tempo espanhol* conheceu esse eulaliograma. Registrem-se duas coisas: a) o vaivém do livro o torna portador não apenas dessa pequena obra-prima de AE, como também de um muito confiável ponto de partida para uma edição crítica da obra de Murilo Mendes; b) o banal e mínimo estímulo, a escrita borrada pela neve, no lugar de *madeleine* umedecida pelo chá, dá sinal para os neurônios entrarem em sinapse — *fiat lux!* Fazer que a gênese de um poema seja seu próprio tema dá mostras do espírito criador de AE, da disposição para fazer entrar em pauta a voz poética do autor de *A aventura brasileira de Blaise Cendrars*. Trata-se de um dos eulaliogramas compostos para homenagear o autor dos murilogramas; os outros são "LT a Murilo Mendes", um poema longo, escrito em maio de 1971 por ocasião dos setenta anos do poeta, também em português e italiano, e a direção e o roteiro do documentário *Murilo Mendes: A poesia em pânico,* iniciado em 1971 e finalizado em 1977, recentemente restaurado pela Cinemateca Brasileira.

Ah... em Brescia e em Siusi, cidades do norte da Itália, em dezembro, faz um frio de matar passarinho.

A Quirino Campofiorito
olhando as suas noventa telas
expostas em dezembro de 1984 na
Galeria Acervo do Rio de Janeiro

O Autor pigarreia
buscando um tom joão-cabral
à altura da circunstância:

      Igual a si mesmo
      o todo conciliado
      articulando o vivo
      alinhado sobre a mesa:
      um alfabeto de formas
      em estado de natureza.

Mas não consegue
manter a nota alheia
e prossegue de qualquer
jeito, manquitolando:

Sossego.
Range a cor
entregue ao seu peso.
O olho escuta
nítido
a forma pura
eriçada
na voluptuosa voluta
helicoidal.

Mar recomeçado
sobre a mesa posta
— areia profunda.

Divaga:
        Jean-Jacques passeia pela praia.
        Sossego.

Procura fazer um
balanço das telas

        No diálogo silente
        os pintores e as colheitas deles
        o dentro da casa
        a caixa da casa
        a casca de osso
        o caramujo
        marujo náufrago.

        Folhagem escura
        Copo de vinho
        Pão.

A carne da fruta.
Três limões em campo elétrico.
Pedra mármore mêmore.
A silva de Estêvão:
galhos pesados.
Mangas. Mamão. Caju.
O trigo soterrado das raízes.
Sertão de Monte Santo.
A fratura exposta das colunas.
A trompa do búzio
sem sopro.

Algumas insistências:
    Jean-Jacques caminha pela praia.
    Inhames estátuas pupunhas
    eclodem do chão.
    O raizeiro do presente
    entrança futuro passado
    na vibração luminosa.

    O olho escuta
    a toalha enrugada
    a maçã o torso.
    Venta.
    O vinho da cor
    Embebe a areia.

                  (Na praia deserta
                   a passarinhada
                   vai bicar afoita
                   as mangas da tela)

Este livro

George Stevens, Theodore Dreiser, Montgomery Clift, Graciliano Ramos, Fernand Crommelynck, Jorge Luis Borges, Clarice Lispector, Francisco Curt Lange, Bernardo Kordon, Alberto da Veiga Guignard, Friedrich Dürrenmatt, Lewis Carroll, William Faulkner, Adolfo Bioy Casares, Alain Resnais, Alain Robbe-Grillet, Ciro dos Anjos, Fernando Sabino, Nelson Rodrigues, Cleyde Yáconis, Ziembinski, Mário de Andrade, Camargo Guarnieri, os Beatles, Jarry, Le Corbusier, Santa Teresinha do Menino Jesus, Jean-Paul Sartre, Manuel Maria du Bocage, Joaquim Pedro de Andrade, Albert Eckhout, Gilda de Mello e Souza, Madame de Ponty, Oswaldo Bratke, Otávio Mendes, Igor Stravinski, Ezra Pound, Diaghilev, Adão Pinheiro, Stéphane Mallarmé, Décio Pignatari, Haroldo de Campos, Augusto de Campos, Odilon Redon, Worth, Brito Broca, Alberto Savinio, Charters de Almeida, Pietro Maria Bardi, Lélia Coelho Frota, Maria Leontina, Vitaliano Brancati, Joaquim de Gugos, José Rufino Capinam, Jorge Pinto Vedras, Benedito Calixto, Milton Eulalio, Murilo Mendes, Quirino

Campofiorito, o rol dos autores examinados pelo olhar crítico de Alexandre Eulalio é prova de sua disponibilidade onívora.

Romance, poesia, cinema, teatro, pintura, escultura, arte sacra, música erudita, música pop, arquitetura, moda, museu, história, Buenos Aires, Catânia, Roma, Paris, Belo Horizonte, Veneza, Rio, Morumbi, Hollywood, Ceasa, nada lhe era indiferente.

Leitor precoce de Hesíodo, para pasmo dos colegas de geração, Alexandre desde logo adotou o célebre mote de Terêncio: "Sou humano e nada do que é humano me é estranho".

Em Alexandre Eulalio, o mundo da sua circunstância esbate, ressuma, reverbera, brilha. *Os brilhos todos.*

Nesta coletânea arbitrária, predomina a obra esparsa do escritor público, que se deixou ler em jornais, revistas, apresentações de livros. Jamais em livro de sua lavra. "Por mais incrível que pareça, neste tempo de feroz autopromoção, existem ainda escritores tímidos", disse Alexandre de Gilda de Mello e Souza sobre sua estreia tardia assinando a capa de um volume. ("*Exercícios de leitura*, exercício de surpresas", p. 112.) Falava de sua própria timidez, mesclada com pudor de se apresentar "diante do grande público". Pudor que curiosamente nunca revelou no convívio social, com os alunos ou entre pares, quando amiúde dominava a conversa.

Numa nota biográfica, escrita em 1976, sob o disfarce do editor do poema, confessava: "Alexandre Eulalio é escritor esquivo: e até hoje não se decidiu a publicar livro". ("Autorretrato livre indireto", à p. 251.) Referia-se com certeza à recusa de publicar "O ensaio literário no Brasil", monografia com a qual havia conquistado o prêmio Brito Broca, em 1963, que lhe facultava justamente a edição. *A aventura brasileira de Blaise Cendrars* só se tornou "livro de figuras" em 1978; na apresentação, ao desculpar o nome na capa, definia-se como "pseudoautor" que "tenta assumir a função de guia de museu".

Em outro episódio de autoironia, Alexandre, ao investigar a obra milionária de Borges, sai-se com esta: "Como quem não faz livros e se apraz em aumentar o dos outros" ("O bestiário fabuloso de Jorge Luis Borges", p. 46).

Escritor esquivo, tímido, não fazedor, pseudoautor, Alexandre Eulalio negava-se a autoria para refugiar-se no papel mais seguro de leitor. Foi de fato um leitor excepcional, como atesta mais este livro involuntário, cujo empenho é o de revelar o autor sequestrado, poeta noturno. Seu estilo flutuava, ora poético, ora ensaístico ou plástico, para melhor se aproximar de seu objeto.

Algumas de suas predileções no campo dos autores menores são reveladoras, no plano mesmo do inconsciente: Brito Broca é "autodidata que procurou sistematizar e interpretar, do interior, o quadro da evolução cultural brasileira" ("O lugar de Brito Broca", p. 164). Sobre Alberto Savinio: "Conforme sempre acontece, era bem mais fácil rotulá-lo como um diletante de excessivo talento, perdido no emaranhado das suas próprias virtualidades, do que definir com maior precisão aquilo que buscava e aquilo que conseguira realizar o artista" ("Savinio, desconhecido", p. 172).

Autodidata ambicioso, diletante de talento, leitor compreensivo, eis Alexandre Eulalio, o escritor que não publicava livros.

A lenta elaboração desta coletânea contou com a valiosa colaboração de Maria Eugenia Boaventura, na fase heroica da pesquisa nos anos 1990, e de Francisco Roberto Papaterra Limongi Mariutti, Dante Pignatari, Samuel Titan Jr. e Ana Maria e Humberto Werneck, no estágio da sua edição.

Carlos Augusto Calil

O autor

Nascido no Rio de Janeiro em 18 de junho de 1932, filho de Elisiário Pimenta da Cunha e Maria Natália Eulalio de Sousa da Cunha, Alexandre Magitot Pimenta da Cunha ao atingir a maioridade "naturalizou-se" cidadão diamantinense e trocou o prenome francês — homenagem do pai dentista ao patrono de sua profissão — pelo familiar Eulalio, lembrança do clã materno e mais condizente com o seu obsessivo culto à ancestralidade mineira.

Apesar das férias escolares regularmente transcorridas na terra de adoção, até 1965 sempre viveu no Rio de Janeiro, onde seguiu todos os estudos até ingressar na Faculdade Nacional de Filosofia, que cursou de 1952 a 55. Nesse ano — segundo sua própria versão, "após uma crise típica (típica na sua demagogia) de jovem filho-família na América Latina" — abandonou a universidade, desistindo do diploma acadêmico.

De formação autodidata predominantemente dirigida para a Estética, teve como mentor intelectual seu primo Sílvio Felício dos Santos (1908-86), sobrinho-bisneto do autor das *Memórias do distrito diamantino*, de cuja reedição AE participaria em 1956. Com essa relação tornou-se impossível evitar a comichão da pesquisa histórica, de modo que, ainda jovem, enveredou pelo estudo do passado brasileiro, tanto no campo material como no da história das ideias.

Alexandre Eulalio começou a atuar profissionalmente na imprensa carioca e mineira no início dos anos 1950, colaborando com diversos jornais, entre eles o *Diário Carioca*, o *Correio da Manhã*, o *Jornal de Letras* e *O Globo* (onde criou a coluna "Matéria & Memória"), entre outros.

Redator responsável da *Revista do Livro*, editada pelo Instituto Nacional do Livro, de 1956 a 66, aí conviveu com Augusto Meyer, Brito Broca, J. Galante de Sousa entre outros, onde publicou inúmeros ensaios e artigos. Em 1963, com "O ensaio literário no Brasil", conquistou o prêmio Brito Broca, instituído pelo jornal *Correio da Manhã*, que lhe assegurava a publicação em volume. Alexandre Eulalio preferiu, no entanto, permanecer inédito.

Em meados dos anos 1960, uma bolsa da Fundação Guggenheim lhe permitiu uma temporada de estudos nos Estados Unidos. As pesquisas então realizadas abriram-lhe perspectivas originais para uma série de estudos instigantes e densos nos diferentes campos da cultura (música, pintura, arquitetura, literatura, história etc.) sobre o período de transição do Segundo Reinado à Primeira República. Momento decisivo da formação do país, fase rica da vida cultural brasileira, a ela Alexandre conduziu frequentemente seu olhar crítico. Para muitos desses trabalhos, a cidade de Diamantina — a sua Pasárgada — lhe serviu de inspiração e, pouco antes de sua morte, a prefeitura local concedeu-lhe o brasão diamantinense, recebido carinhosamente como a mais prestigiosa honraria do planeta.

Em 1966, Alexandre foi comissionado pelo Ministério das Relações Exteriores como leitor brasileiro junto à Università degli

Studi di Venezia (Cà Foscari), onde permaneceu até 1972, quando retornou ao Rio de Janeiro. Convidado por Sábato Magaldi para ser chefe de gabinete do Secretário Municipal de Cultura, na gestão do prefeito Olavo Setúbal, transferiu a residência para São Paulo em 1975.

"Escritor esquivo", segundo seu autorretrato, não obstante a quantidade de ensaios e artigos dispersos por jornais e revistas, publicaria apenas um livro durante a vida, *A aventura brasileira de Blaise Cendrars* (1978), que obteve o prêmio Pen Club do Brasil em 1979. Além dos ensaios "Os dois mundos de Cornelio Penna" e "Henrique Alvim Correa: Guerra & Paz" — ambos redigidos no contexto de exposições que ajudou a preparar na Fundação Casa de Rui Barbosa, no Rio de Janeiro, em 1979 e 1981, respectivamente —, Alexandre Eulalio deixou grande número de escritos que testemunham sua incessante atividade multidisciplinar.

Parte significativa desses textos foi recolhida nas coletâneas *Escritos*, organizada por Berta Waldman e Luiz Dantas, em 1992, *Alexandre Eulalio diletante* (número especial da revista *Remate de Males*, do Departamento de Teoria Literária, Instituto de Estudos da Linguagem, Campinas, Unicamp, 1993), *Livro involuntário* (Rio de Janeiro: Editora UFRJ, 1993), *Borges ou da literatura* (número especial da revista *Remate de Males*, 1999), estas três organizadas por Carlos Augusto Calil e Maria Eugenia Boaventura, e *Tempo reencontrado* (São Paulo: Ed. 34; Instituto Moreira Salles, 2012), organizada por Calil.

Em 1979, Alexandre Eulalio passou a lecionar no Departamento de Teoria Literária da Unicamp, no qual ingressou por notório saber. A partir do ano seguinte dividiu seu tempo entre São Paulo e a casa de Campinas, até seu falecimento, em 2 de junho de 1988.

Referências dos textos

PARTE I — NOTAS DE UMA AGENDA (JORNALISMO: ENTREVISTA, CRÍTICA E CRÔ-NICA)

UMA TRAGÉDIA AMERICANA
O Diário, Belo Horizonte, 27 jul. e 3 ago. 1952.

A MORTE DE GRACILIANO RAMOS
O Diário, Belo Horizonte, 5 abr. 1953. Reproduzido em *Alexandre Eulalio diletante*, número especial da revista *Remate de Males*. Org. de Maria Eugenia Boaventura e Carlos Augusto Calil. Campinas: Instituto de Estudos da Linguagem (IEL), Unicamp, jun. 1993, pp. 119-20.

UMA FARÇA DE CROMMELYNCK
Diário Carioca, Rio de Janeiro, 30 maio 1954.

O BESTIÁRIO FABULOSO DE JORGE LUIS BORGES
Diário de Notícias, Porto Alegre, 16 fev. 1958. Reproduzido no *Boletim Bibliográfico*, Biblioteca Municipal Mário de Andrade, São Paulo, v. 45, n. 1/4, jan./dez. 1984. Reproduzido em *Borges ou da literatura*, número especial da revista *Remate de Males*. Org. de Maria Eugenia Boaventura e Carlos

Augusto Calil. Campinas: Instituto de Estudos da Linguagem (IEL), Unicamp, 1991, pp. 110-7.

NO RIO, COM CLARICE LISPECTOR
Boletim Bibliográfico LBL, edição Livros do Brasil, Lisboa, n. 4, jul./ago. 1961, pp. 19-21.

MÚSICA & TEATRO
"Notas de uma agenda". In: *Jornal de Letras*, Rio de Janeiro, maio 1962, p. 3.

UM FICCIONISTA PORTENHO
"O fato literário". In: *Correio da Manhã*, Rio de Janeiro, 19 maio 1962, p. 9.

GUIGNARD, O MANSO
"Notas de uma agenda". In: *Jornal de Letras*, Rio de Janeiro, out. 1962, p. 3.

CARROLL REVISTO POR FAULKNER
"Notas de uma agenda". In: *Jornal de Letras*, Rio de Janeiro, dez. 1962, p. 3.

BORGES EM INGLÊS
"Notas de uma agenda". In: *Jornal de Letras*, Rio de Janeiro, jan. 1963. Reproduzido em *Borges ou da literatura*, op. cit., pp. 119-20.

MARIENBAD: UMA INVENÇÃO DE MOREL
"Notas de uma agenda". In: *Jornal de Letras*, Rio de Janeiro, fev./mar. 1963, p. 3.

APARÊNCIA DE BELO HORIZONTE
Idem.

TODA NUDEZ SERÁ CASTIGADA
O Globo, Rio de Janeiro, 23 jun. 1965. Reproduzido em *Escritos*, antologia póstuma de Alexandre Eulalio. Org. de Berta Waldman e Luiz Dantas. Campinas: Unicamp; São Paulo: Unesp, 1992, pp. 493-6.

A RESIDÊNCIA DO INSOFRIDO
Título atribuído pelo organizador ao artigo "Casa de Mário de Andrade ainda guarda sua presença sendo museu do Modernismo", publicado em *O Globo* (Rio de Janeiro, 3 ago. 1965).

OS BEATLES SÃO UM POUCO DE TUDO PARA TODAS AS PESSOAS
O Globo, Rio de Janeiro, 14 ago. 1965. Reproduzido em *serrote*, Instituto Moreira Salles, São Paulo, nº 17, jul. 2014, pp. 109-11.

O CONCRETO CORBUSIER
Coluna "Matéria e memória". In: *O Globo*, Rio de Janeiro, 6 set. 1965.

PRESENÇA DE SANTA TERESINHA NAS LETRAS E ARTES NO BRASIL
O Globo, Rio de Janeiro, 30 set. 1965. Reproduzido em *Alexandre Eulalio diletante*, op. cit., pp. 131-2.

UM POUCO DE SARTRE
O Globo, Rio de Janeiro, 7 out. 1965.

BOCAGE VIVE AINDA
Publicado em *O Globo* (Rio de Janeiro, 15 set. 1965) com o título: "Bocage, no centenário de seu nascimento, vive ainda na poesia imortal".

AMPULHETA DE BORGES
Jornal da República, São Paulo, 4 set. 1979. Reproduzido em *Borges ou da literatura*, op. cit., pp. 121-3.

O CEASA DE ECKHOUT
Jornal da República, São Paulo, 14 set. 1979.

EXERCÍCIOS DE LEITURA, EXERCÍCIO DE SURPRESAS
Título atribuído ao artigo publicado na revista *Discurso* (São Paulo, n. 13, 1983, pp. 239-41). Versão reduzida havia sido divulgada na revista *Veja* (8 out. 1980) com o título: "Sério e delicado".

UM RESUMO DA NOSSA ARTE DESDE O IMPÉRIO
Vogue, São Paulo, ago. 1981, pp. 138-41, 183-4.

AQUELA MORTE EM VENEZA
Publicado em *Folha de S.Paulo* (São Paulo, 18 jun. 1982) com o título "Ele escolheu ser enterrado em Veneza". O título original do artigo foi aqui restaurado.

PARTE II — MESTRE DE CERIMÔNIAS (RESENHA, APRESENTAÇÃO DE LIVRO, EXPO-
SIÇÃO, CONCERTO, FILME)

MACUNAÍMA, FÁBULA E AUTORRETRATO DE UM POVO
Nota sobre a obra de Mário de Andrade, divulgada no *press book* do filme homônimo de Joaquim Pedro de Andrade, por ocasião de seu lançamento em 1969. Reproduzido em *Macunaíma: Da literatura ao cinema*, de Heloísa Buarque de Holanda. Rio de Janeiro: José Olympio; Embrafilme, 1978, pp. 106-7.

PEDRO MALAZARTE &TC
Publicado com o pseudônimo de Antonio Bruno, no programa do concerto do Teatro Municipal de São Paulo em 7 de dezembro de 1975, que celebrou o trigésimo aniversário da morte de Mário de Andrade. Sob a regência de Camargo Guarnieri, apresentaram-se *Ponteio 48* para cordas, *Serra do Rola-Moça*, *Quatro poemas de Macunaíma* e *Pedro Malazarte*, ópera-cômica em um ato. O texto aproveita e atualiza as ideias expostas no artigo "Mário de Andrade: *Pedro Malazarte*. Libreto de ópera em um ato (1928)", saído no n. 17 da *Revista do Livro* (Rio de Janeiro, mar. 1960, pp. 127-33). A presente versão do texto foi reproduzida em *Alexandre Eulalio diletante*, op. cit., pp. 278-82.

OBSCURIDADE ILUMINURA
Apresentação no folheto da exposição *A gosma do cosmos*, de Adão Pinheiro, treze desenhos inspirados na poesia de Sebastião Uchoa Leite. Rio de Janeiro, Galeria da Aliança Francesa de Botafogo, 6 nov. a 4 dez. 1975. Publicado em *José* (Rio de Janeiro, ago. 1976, p. 51).

DO OPACO AO RUTILANTE
Apresentação no folheto da exposição *ADÃOCERÂMICAPINHEIRO*. São Paulo, Galeria Espaço Novo, 22 set. a 5 out. 1976.

UM LANCE TRIPLO DE DADOS
Boletim Bibliográfico, Biblioteca Municipal Mário de Andrade, São Paulo, n. 36, jan./jun. 1976. Resenha reproduzida em *Escritos*, op. cit., pp. 497-503.

O LUGAR DE BRITO BROCA
Título atribuído pelo organizador ao prefácio da antologia *Românticos, pré-românticos, ultrarromânticos*, de Brito Broca (São Paulo: Polis; Instituto Nacional do Livro, 1979, pp. 9-14). Na sua segunda parte, Alexandre Eulalio

aproveitou, quase literalmente, o seu artigo "Brito", publicado em *O Globo* (Rio de Janeiro, 11 set. 1965), na coluna "Matéria & Memória", com a saborosa evocação do sonho.

SAVINIO, DESCONHECIDO
Jornal da República, São Paulo, 27 set. 1979. Versão ampliada saiu com o título: "Introdução" em *Isadora*, de Alberto Savinio. Trad. de Alexandre Eulalio. Rio de Janeiro: Taurus, 1985, pp. 5-11.

CHARTERS DE ALMEIDA: PRATICÁVEIS PARA A UTOPIA
Apresentação no catálogo da exposição *Charters de Almeida, Múltiplos, Desenhos, Tapeçaria, Grandes envolventes*. São Paulo: Museu de Arte de São Paulo, 1981.

A POESIA DA FUNÇÃO
Título atribuído pelo organizador ao prefácio que Alexandre Eulalio escreveu para *Lembrança de Le Corbusier: Atenas, Roma e Brasil*, traçada por Pietro Maria Bardi (São Paulo: Nobel, 1984, pp. 6-9).

DUAS PALAVRAS:
Prefácio ao livro *Veneza de vista e de ouvido*, de Lélia Coelho Frota. Rio de Janeiro: *Belo Belo*, 1986, pp. 7-12.

UMA PAGINAÇÃO DA PAISAGEM
Belo Belo. Rio de Janeiro, nº 6, 1986.

O SARCASMO SOLENE DE BRANCATI
Título atribuído pelo organizador à "Nota final". In: *O belo Antonio*, de Vitaliano Brancati. Rio de Janeiro: Nova Fronteira, 1987, pp. 263-74. Trad. de Alexandre Eulalio para a primeira edição, publicada em 1962, pela Editora do Autor.

PANO PARA MANGA
Prefácio para *O espírito das roupas: A moda do século XIX*, de Gilda de Mello e Souza. São Paulo: Companhia das Letras, 1987, pp. 9-15.

SOBRE A ICONOGRAFIA NO MUSEU DE ARTE SACRA
Publicado em *Museu de Arte Sacra: Mosteiro da Luz*. São Paulo: Ed. Artes, 1987, pp. 106-26.

PARTE III — CORREIO NOTURNO (POESIA)

LT A MURILO MENDES
Poema inédito, cujos fragmentos foram publicados no *Suplemento Literário de Minas Gerais* (Belo Horizonte, 30 dez. 1972, p. 7) e em *Alexandre Eulalio diletante*, op. cit., pp. 87-9.

UM EULALIOGRAMA APENAS, SEM MISTIFICAÇÃO, por Francisco Roberto Papaterra Limongi Mariutti.
Publicado em *Folha de S.Paulo*, São Paulo, Ilustríssima, 9 dez. 2012.

A QUIRINO CAMPOFIORITO
Poema manuscrito, em forma de dedicatória (jan. 1985), reproduzido em *Escritos*, op. cit., pp. 504-5.

Créditos das imagens

p. 1: Alexandre Eulalio no decênio de 1950. DR/ Acervo do autor.

p. 127: DR/ Acervo do autor.

p. 129: DR/ Acervo do autor.

p. 139: Camargo Guarnieri, Mário de Andrade, maestro Lamberto Baldi, em fevereiro de 1945. Uma das últimas fotos do escritor. DR/ Acervo do autor.

p. 142: Manuscrito de Mário de Andrade descrevendo personagens da ópera *Pedro Malazarte*. Acervo IEB/USP.

p. 155 (acima e abaixo): Odilon Redon. Album/ Fotoarena.

p. 155 (ao centro): Odilon Redon. Alamy/ Fotoarena.

pp. 158-61: Acervo Dante Pignatari.

p. 175: *Paisagens* (1981), Charters de Almeida.

p. 232: *O naufrágio do Sírio* (1907), Benedito Calixto. Óleo sobre tela. 160 × 222 cm. Reprodução de Iran Monteiro. Museu de Arte Sacra de São Paulo.

pp. 237-8: Envelope sobrescrito por Murilo Mendes, de Via del Consolato, endereçado a Alexandre Eulalio, morador da rua Prado Jr., em Copacabana. Acervo do autor.

p. 249: Maria da Saudade, filha de Jaime Cortesão, casou-se com Murilo Mendes em 1947. O casal não teve filhos. DR/ Acervo do autor.

Índice onomástico

150 anos de música no Brasil (Azevedo), 141
600 millones y uno (Kordon), 62

Abramo, Lívio, 120
Abranches, Dunshee de, 97
"Acercamiento a Almotásim, El" (Borges), 51
Alados idílios (Frota), 201
Alcino, Manuel, 178
Aleph, El (Borges), 16, 47, 69, 108
"Aleph, El" (Borges), 70
Alexandre Eulalio diletante (antologia), 266
Alguns contos (Lispector), 57-8
Alias Gardelito (Kordon), 62
Alice através do espelho (Carroll), 19
Almanach d'Architecture Moderne (Le Corbusier), 193
Almeida Júnior, José Ferraz de, 228
Almeida, Belmiro de, 123
Almeida, Cavaleiro d', 123
Almeida, Charters de, 175-82, 240, 259
Almeida, Renato, 192
Alphonsus, João, 75
Alves, Moussia Pinto, 123
Amado, Genolino, 166
Amanuense Belmiro, O (Ciro dos Anjos), 75
Amélia de Leuchtenberg, imperatriz, 123
Americano, Maria Luísa, 122
Americano, Oscar, 118, 120-2
Americanos (Brito Broca), 166
Amor de Don Perlimplín con Belisa en su jardín (García Lorca), 40
Anchieta amansa as feras na selva (Calixto), 231
Andrade, Carlos Drummond de, 75, 113, 195
Andrade, Joaquim Pedro de, 14, 113, 134-5, 259, 268

Andrade, Manuel Joaquim Gonçalves de, d., 228
Andrade, Mário de, 14, 70, 81-6, 107, 110, 133-4, 136-7, 139-41, 143, 186, 192, 226, 259
Andrade, Rodrigo M. F. de, 75
Angústia (Ramos), 35
Anjos, Ciro dos, 259
Ano passado em Marienbad, O (filme), 71-2
Antigas Literaturas Germânicas (Borges), 47
Antologia poética (Mendes), 254
Anunciação (Gugos), 226
Apollinaire, Guillaume, 173
"Après le Cubisme" (Le Corbusier & Ozenfant), 191
Après-midi d'un faune, L' (Mallarmé), 149, 151
Aranha, Graça, 139, 192-3
Araújo, Roberto Assumpção de, 230
Arco do Cego, oficina tipográfica do, 105
Arcoverde, Joaquim, d., 228
Aspectos da música brasileira (Mário de Andrade), 137
Assis, Machado de, 113, 167, 171*n*, 195
Assunção da Virgem (Vedras), 227
Asturias, M. A., 134
Ataíde, Tristão de, 57
Au Bonheur des Dames (Zola), 220
Ausência viva (Mora), 50
Aventura brasileira de Blaise Cendrars, A (Alexandre Eulalio), 11, 254, 260, 264
Azevedo, Luiz Heitor Corrêa de, 141
Azevedo, Militão Augusto de, 231
Azur, L' (Mallarmé), 151

Bach, Johann Sebastian, 201
Baladas das estações (Savinio), 174

Baldi, Lamberto, 138-9
Ballets Russes, 126-7
Balzac, Honoré de, 26, 34, 220
Bandeira, Antônio Rangel, 141
Bandeira, Manuel, 14, 81, 96, 114, 138
Bandeira, Pinto, 205
Barata, Mário, 109
Barbosa, Caldas, padre, 104
Barbosa, Francisco de Assis, 167
Bardi, Lina Bo, 118
Bardi, Pietro Maria, 118, 188-91, 198, 259
Barral e Pedra Branca, condessa de, 123
Barrès, Maurice, 193
Barros, Ademar de, 118
Barros, José de Camargo, d., 231
Barros, Maria Cecília Machado de, 153
Barthes, Roland, 224
Bastide, Roger, 114
Baudelaire, Charles, 219-20
Baudouin, Pierre, 190
Beatles, os, 87-9, 261
Beethoven, Ludwig van, 83
Bell, Renée, 80
Bell'Antonio, Il (Brancati), 207-8, 210, 212, 214-7
Belleza, Newton, 192
Bénard, Henri, 228
Benedito, são, 66
Benois, Aleksandr, 127
Bento XIV, papa, 229
Bernanos, Georges, 65
Bernardelli, Grupo, 206
Bernardelli, Rodolfo, 123
Bernini, Gian Lorenzo, 247
Bianco, Enrico, 83
Bioy Casares, Adolfo, 71, 259
Bispo dom Alvarenga ministra a extrema-unção aos pestíferos de Piracicaba, O (De Servi), 231

Blanchot, Maurice, 71
Boaventura, Maria Eugenia, 193, 261, 264
Bocage, Manuel Maria de Barbosa du, 100-5, 261
Bocage, Marianne du, 102
Bonadei, Aldo, 123, 234
Borges ou da literatura (Alexandre Eulalio), 261
Borges, Jorge Luis, 14-5, 16, 19, 46-53, 69-71, 106-8, 259, 261
Borges, Norah, 106
Bosch, Hieronymus, 48
Bottai, Giuseppe, 191
Brancati, Vitaliano, 207-17, 259
Bratke, Oswaldo, 119-21, 259
Brecheret, Victor, 83
Brennand, Francisco, 145
Breton, André, 172
Bretonne, Restif de la, 174
Brise marine (Mallarmé), 151
Brito Broca, prêmio, 12, 260, 263
Broca, Brito, 164-71, 259, 261, 263
Brueghel, Pieter, 48
Bruno, Giordano, 15, 50
Bureau de coton à la Nouvelle-Orléans (Degas), 222
"Busca de Averroes, La" (Borges), 70
Byron, Lord, 122

Caetés (Ramos), 34-5
Caillebotte, Gustave, 218
Cais, O (Di Cavalcanti), 123
Caixa de Música (Rangel Bandeira), 141
Calderón de la Barca, Pedro, 243, 248
Calixto, Benedito, 230-1, 259
Calvino, João, 91, 187
Câmara Cascudo, Luís da, 51
Câmara, Delfim da, 230
Camões, Luís de, 101, 103

Campofiorito, Quirino, 256, 259
Campos, Augusto de, 149-51, 153, 157, 261
Campos, Francisco, 196
Campos, Haroldo de, 149-50, 152-3, 157, 261
Campos, Paulo Mendes, 57
Camus, Albert, 31
Candido, Antonio, 18-9
Canticum sacrum (Stravinski), 127
Cantinho, O (Savinio), 174
Capanema, Gustavo, 195
Capinam, Bento José Rufino, 227, 259
Capital, A (Fóscolo), 75
Caprichoso desacerto (Frota), 201
Carena, Felice, 210
Carlyle, Thomas, 224
Carneiro, Paulo, 92
Caron, Antoine, 205
Carriego, Evaristo, 47
Carroll, Lewis, 18, 67, 259
Carrouges, Michel, 71
"Carta a Leo" (Lukács), 11
Carvalho, Ronald de, 192
Casa "La Vita" (Savinio), 174
Casorati, Felice, 210
Cazotte, Jacques, 174
Cecchi, Emilio, 174
Cendrars, Blaise, 117n, 186-7, 219
"Centenário de Lúcio de Mendonça, O" (Alexandre Eulalio), 195n
Chesterton, G. K., 69
Chiavegatto, professor, 34
Chün, mestres, 148
Cidade (Savinio), 174
Cidade sitiada, A (Lispector), 57
Clã do Jabuti (Mário de Andrade), 133
Claude, A., 124
Clemente XIV, papa, 229
Clift, Montgomery, 31, 259

Clube dos grafômanos, O (Frieiro), 75
Cocu magnifique, Le (Crommelynck), 37, 39-41, 44-5
Cohn, R. Greer, 154
Colona, A (Portinari), 84
Coluccio, Félix, 48
Condillac, Étienne Bonnot de, 50
Condition humaine, La (Malraux), 195
Conrad, Joseph, 103
Contos de aprendiz (Drummond de Andrade), 75
Contos de Belazarte (Mário de Andrade), 81
Copeau, Jacques, 16
"Corollaire brésilien" (Le Corbusier), 187, 193
Corrêa, Azevedo, professor, 34
Correio da Manhã, 140*n*, 166, 263
Corriere del Popolo, 232
Corsário, O (Byron), 122
Costa, Cláudio Manuel da, 61
Costa, Jacyra, 80
Costa, Lúcio, 194-5
Coucher de Soleil à Venise (Ziem), 124
Couto, Rui Ribeiro, 97
Craft, Robert, 126
"Crime do professor de matemática, O" (Lispector), 57, 59
Cristo *ver* Jesus Cristo
Croisade ou le crépuscule des académies (Le Corbusier), 193
Crommelynck, Fernand, 16, 37, 41, 44-5, 261
Crônicas de minha vida (Stravinski), 126
Cultura Política (jornal), 166
Cunha, Elisiário Pimenta da, 262
Cunha, Maria Natália Eulalio de Sousa da, 262

d'Aurevilly, Barbey, 220
Da vanguarda ao pós-moderno (Subirats), 191
Dacosta, Milton, 113
Dama da rosa (Almeida), 123
Dama de espadas, A (filme), 26
Dante Alighieri, 48
Daudet, Léon, 221
Davesnes, Fanny Dubois, 157, 163
De ahora en adelante (Kordon), 62
De Chirico, Andrea *ver* Savinio, Alberto
De Chirico, Evaristo, 173
De Chirico, Giorgio, 54, 172-3
De Quincey, Thomas, 69
De Servi, Carlo, 231
Debret, Jean-Baptiste, 230
Degas, Edgar, 222
del Picchia, Menotti, 185-7
Denis, Maurice, 233
Départ des Cuirassiers ou Envie de Rester, Le (Dupray), 124
Dermée, Paul, 191
Dernière mode, La (revista), 221
Des Fleurs (Claude), 124
Desafio, O (filme), 113
Deuses malditos, Os (filme), 114
Di Cavalcanti, Emiliano, 84, 114, 123
Dia de chuva na Place de l'Europe (Caillebotte), 218
Diaguilev, Serguei, 125-6, 259
Diário Carioca, 263
Dias, Cícero, 123
Dicionário do Folclore Brasileiro (Câmara Cascudo), 51
Dickinson, Thorold, 26
Dico a te, Clio (Savinio), 210
Dimitriana (Charters de Almeida), 181
Discusión (Borges), 47, 69

"Dois mundos de Cornelio Penna, Os" (Alexandre Eulalio), 264
Domingo en el río (Kordon), 62
Domingos, são, 227
Don Giovanni in Sicilia (Brancati), 212
Dostoiévski, Fiódor, 35
Dreiser, Theodore, 25, 27-8, 259
Dupray, Henri-Louis, 124
Dürer, Albrecht, 48, 211
Durrell, Lawrence, 90
Dürrenmatt, Friedrich, 67-8, 259

Eckhout, Albert, 109-11, 122, 259
Elísio, Filinto, 105
Eloges: Pour fêter une enfance (Perse), 220
Emendabili, Galileo, 234
"Emma Zunz" (Borges), 70
Empalhador de passarinho, O (Mário de Andrade), 186
Encontro marcado, O (Sabino), 75-6
Enigma da hora, O (De Chirico), 172
"Ensaio literário no Brasil" (Alexandre Eulalio), 11
Ensaio sobre a música brasileira (Mário de Andrade), 137
Ensaios da mão canhestra (Brito Broca), 171*n*
Escritos (Alexandre Eulalio), 264
Escuto o teu coração (Savinio), 174
Esdrúxulo (Charters de Almeida), 177
Espírito das roupas, O (Mello e Souza), 221, 224
Espírito moderno, O (Graça Aranha), 193
Esprit nouveau, L' (revista), 187, 191
Estação, A (periódico), 221
Estado de S. Paulo, O, 167
Estética da vida, A (Graça Aranha), 194

"Estética rica e a estética pobre dos professores franceses, A" (Mello e Souza), 114
Estudante russa, A (Malfatti), 83
Etranger, L' (Camus), 31
Eubage, L' (Cendrars), 187
Eugénie Grandet (filme), 26
Eulalio, Milton, 203-6, 259
Eva futura, A (Villiers de L'Isle Adam), 52
Exercícios de leitura (Mello e Souza), 15, 112-3, 115
Ezequiel, profeta, 48

Façade (Sitwell), 202
Família dos fuzileiros de uniforme branco (Guignard), 84
Faulkner, William, 18, 67-8, 259
Favretto, Giacomo, 123
Fechner, Gustav, 50
Fellini, Federico, 114
Ferrez, Zéphyrin, 123
Fervor de Buenos Aires (Borges), 49
Feydeau, Georges, 219*n*
Ficciones (Borges), 47, 69-70
Ficino, Marsílio, 50
Filosofov, Dmitri, 127
Flaubert, Gustave, 48
Flexor, Samson, 234
Fludd, Robert, 50
Fontamara (Silone), 35
Football ver *Jogadores de rugby* (Lhote)
Forja, A (Timóteo), 114
Fóscolo, Avelino, 75
França, Eurico Nogueira, 140*n*
Francisco, são, 227
Frederico, Raphael, 205
Freire, Napoleão Muniz, 80
Freyre, Gilberto, 96
Frieiro, Eduardo, 75

Frota, Lélia Coelho, 18, 52, 200-2, 259
Fundação Maria Luísa e Oscar Americano, 121-2

Galvão, Antônio da Madre de Deus, frei, 228-9
Garção, Pedro António Correia, 100
García Lorca, Federico, 40-1
Garcia, Aluísio Leite, 80
García y Vasquez, Domingo, 205
Gazeta, A, 165-6
Gazette du Monde et de la Famille, 218
Gil Blas (Lesage), 105
Glaziou, Auguste-Marie, 190
Globo, O, 197, 263
Gomes, Elza, 80
Gomes, Paulo Emílio Sales, 114
Gonçalves, Ênio, 80
Góngora, Luis de, 49
Gonzaga, Tomás Antônio, 100, 113
Grabbe, Christian Dietrich, 207, 216
Graciano, Clóvis, 123
Gráfico amador, O (tipografia), 145
Graña Etcheverry, Manuel, 52
Grand' route (revista), 193
Grandes envolventes (Charters de Almeida), 180
Graphic work of Odilon Redon, The, 156
"Green flows the river of Lethe" (Sitwell), 202
Grembecki, Maria Helena, 192
Grey, Camilla, 127
Grimm, Georg, 205
Grünewald, Matthias, 48, 197, 234
Guarnieri, Mozart Camargo, 15, 137, 139, 141, 143, 259
Guerrero, Margarita, 47
Gugos, Joaquim de, 226, 259
Guignard, Alberto da Veiga, 18, 64-5, 83-4, 123, 259

Guimarães Filho, Luís, 97

Halley, cometa de, 240, 244
Haussmann, barão, 189
Hegel, Georg Wilhelm Friedrich, 31
"Henrique Alvim Correa: Guerra & Paz" (Alexandre Eulalio), 264
Hesíodo, 48, 260
História da música (Mário de Andrade) ver *Pequena história da música* (Mário de Andrade)
Historia de la eternidad (Borges), 47
História do teatro na Bahia (Rui), 60
Historia Universal de la Infamia (Borges), 47
Hodler, Ferdinand, 233
Holanda, Gastão de, 202
Holanda, Sérgio Buarque de, 96
Hollanda, Olegário de, 80
Homem amarelo (Malfatti), 84
Homem tapuia (Eckhout), 110
Homem tupi (Eckhout), 110
Homero, 18, 48, 90, 173
Hopper, Edward, 205
Horas de leitura (Brito Broca), 167
Horizonte de cemento, Un (Kordon), 62
Huis clos (Sartre), 99

Ilha do tesouro, A (Stevenson), 88
In His Own Write (Lennon), 88
Inconfidentes, Os (filme), 113
Infância (Ramos), 33, 35
Infância de Nivásio Docemar (Savinio), 174
"Iniciação" (Rodrigo M. F. de Andrade), 75
Inquietude (Frieiro), 75
Inquisiciones (Borges), 47, 107
"Interlunar" (Maranhão Sobrinho), 151

Invención de Morel, La (Bioy Casares), 71
Isabel, princesa, 123
Isabey, Jean-Baptiste, 123
Isenheim, políptico de (Grünewald), 48

Jacovacci, Francesco, 124
Janela do Caos (Mendes), 242, 248, 254
Japonês, O (Malfatti), 84
Jarry, Alfred, 89, 259
Jeanneret, Charles-Edouard (pseudônimo) *ver* Le Corbusier
Jesuíno do Monte Carmelo, padre, 226
Jesus Cristo, 31, 36, 66, 95, 227, 233
João v, d., 229
João vi, d., 104, 116
João, são, 66
Jogadores de rugby (Lhote), 83
Jorge I, rei da Grécia, 173
Jornal das famílias, 221
Jornal de Letras, 166, 263
José I, d., 229
José Olympio, Livraria, 34-5, 141, 166
José, príncipe dom, 229
Jucá, Cecília, 202
Judas Iscariotes, 36

Kafka, Franz, 48
Kaye, Danny, 87
Kean (Dumas, adaptação de Sartre), 99
Kepler, Johannes, 50
Klee, Paul, 91, 197
Koch-Grünberg, Theodor, 133-4
Kordon, Bernardo, 62-3, 259

Laços de família (Lispector), 57-9
"Laços de família" (Lispector), 57

Lange, Francisco Curt, 60, 259
Laurent, Méry, 154
Lawrence, D. H., 26
Le Chevrel, Jules, 123
Le Corbusier, 16, 18, 90-1, 93, 186-98, 259
Le Corbusier parle (Petit), 190
Léautaud, Paul, 49
Lee, Wesley Duke, 197
Légende Dorée, La (Jacopo de Varazze), 48
Léger, Fernand, 145
Legião estrangeira, A (Lispector), 59
Leis, As (Platão), 50
Lembrança de Le Corbusier (Bardi), 188, 198
Lennon, John, 88
Leontina, Maria, 18, 200, 202, 259
Leopoldina, imperatriz, 123
Leopoldina, princesa (filha de d. Pedro II), 123
Leopoldo, Duarte, d., 228
Letras & Artes (jornal), 166
Letras francesas (Brito Broca), 167
Letteratura brasiliana, La (Picchio), 201
Lewis, C. S., 48, 51
Lewis, Jerry, 87
Leyendas de Guatemala (Asturias), 134
Lhote, André, 83
Lima, Airton Garcia de, 177
Lima, Jorge de, 29, 96
Linhares, Luís, 79-80
Lira paulistana (Mário de Andrade), 82, 86
Lispector, Clarice, 17, 54, 57, 259
Livro dos Animais, O (Wagener), 110
Livro involuntário (Alexandre Eulalio), 11-2, 195*n*, 266
Lobo, Francisco de Souza, 230

Lope de Vega, Félix, 47
Losango cáqui (Mário de Andrade), 138
Lowndes, Gillian, 148
"LT a Murilo Mendes" (Alexandre Eulalio), 242-8
Lugar ao sol, Um (filme), 25-6, 29
Luís XIV, rei da França, 189
Lukács, Georg, 11
Luque, Manuel, 154
Lustre, O (Lispector), 55-6
Luzia, santa, 227

Maçã no escuro, A (Lispector), 58
Machado de Assis e a política (Brito Broca), 167, 171*n*
Macumba (Kordon), 62
Macunaíma (filme), 134
Macunaíma (Mário de Andrade), 14, 82, 112, 133-4, 137, 143
Maffei, Scipione, 61
Magaldi, Sábato, 264
Magritte, René, 50
Mains sales, Les (Sartre), 99
Malfatti, Anita, 83-4, 114, 233
Mallarmé, Anatole, 163
Mallarmé, Stéphane, 149-52, 154, 157, 161-3, 221, 259
Malraux, André, 195
Mameluca (Eckhout), 110
Manasse, Emanuel, 119
Mandeville, John de, sir, 48
Manet, Édouard, 221
Manhã alfabética (Savinio), 173
Manual de Zoologia Fantástica (Borges), 46-8, 51-2
Manuel da Ressurreição, Frei, 227
Mãos sujas, As (Sartre), 99
Máquina do tempo, A (Wells), 67
Maranhão Sobrinho, 151
Marcel, Gabriel, 98

Marcgraf, George, 110
Marcos, são, 127
Maria Amélia, princesa, 123
Maria I, d., 123, 229
Mariana Victoria de Espanha, d., 229
Mariano Filho, José, 194
Mário de Andrade (Malfatti), 83, 84
Mário de Andrade (Portinari), 84
Mário de Andrade (Segall), 84
Mário de Andrade e L'Esprit nouveau (Grembecki), 192
Mariutti, Francisco Roberto Papaterra Limongi, 254
Marsullo, Antônia, 80
Martín Fierro, El (Borges), 47
Maschere nude (Pirandello), 214
"Matéria & Memória" (coluna de *O Globo*), 263
Matisse, Henri, 145
Mauriac, François, 36
Maya, Ferreira, 80
Maya, Raymundo Ottoni de Castro, 121
Medeiros, Anísio, 197
Meireles, Victor, 230
Melancolia (Frieiro), 75
Mellerio, André, 156
Melli, Roberto, 210
Melo, Antônio Joaquim de, d., 228
Melville, Herman, 69
Memórias (Brito Broca), 167
Memórias do distrito diamantino (Felício dos Santos), 262-3
Mendes, Murilo, 13, 240, 242, *249*, 251-2, 253-4, 259
Mendes, Otávio Teixeira, 119-20, 259
Mendonça, Lúcio de, 195
Menino deitado em Alfa (Frota), 202
Mesquita, Emerico Lobo de, 61
Metastasio, Pietro, 61

Meus pais (Savinio), 174
Meyer, Augusto, 112, 224, 263
Mil e uma noites, As (contos árabes), 49, 52
"Milagro secreto, El" (Borges), 70
"Minha Santa Teresinha" (Abranches), 97
Missa (Stravinski), 127
"Mistério em São Cristóvão" (Lispector), 57
Mistérios Gozosos, Dolorosos e Gloriosos, séries dos (Capinam), 227
Moda mais recente: Gazeta da boa sociedade e da família, A (quinzenário), 220
Monde cassé, Le (Marcel), 98
Monet, Claude, 219
Montaigne, Michel de, 47
Montale, Eugenio, 201
Monteiro, José Maria, 80
Montijo, Eugênia de, 222
Mora, Octavio, 50
Morte de Níobe, A (Savinio), 174
Mortos sem sepultura, Os (Sartre), 99
Morumbi, fazenda, 116, 118
Moscas, As (Sartre), 99
Mota, Vicente Pires da, cônego, 228
Moutonnier, D. T., 57
Movimento (revista), 192
Movimento Brasileiro: Contribuição ao estudo do modernismo (Boaventura), 193
Muerte en el valle (Kordon), 62
"Muerte y la brújula, La" (Borges), 47
Mulato (Eckhout), 110
Mulher negra com cria (Eckhout), 110
Mulher tapuia (Eckhout), 110
Mulher tupi com cria (Eckhout), 110
Mundaneum (Le Corbusier), 193
Muricy, Andrade, 151

Murilo Mendes: A poesia em pânico (documentário), 240, 254
Museu de Arte Sacra de São Paulo, 225, 231
Música, doce música (Mário de Andrade), 137

Na floresta (Savinio), 173
Napoleão Bonaparte, 189
Napoleão III de França, 222
Nascita del Delfino, La (Jacovacci), 124
Nassau-Siegen, João Maurício de, 110, 122
Naufrágio do Sírio, O (Calixto), 231, 232
Negro da Costa (Eckhout), 110
Neves, José Teixeira, 60
Nietzsche, Friedrich, 193, 216
Night Sound (Charters de Almeida), 181
Nijinski, Vaslav, 240, 245
Nogueira, Bernardo Rodrigues, d., 227
"Noturno de Belo Horizonte" (Mário de Andrade), 143
Nouvel, Walter, 127
Novelle per un anno (Pirandello), 214
Nuit dans la forêt, Une (Cendrars), 187

Obras (Mário de Andrade), 137
Obras reunidas (Brito Broca), 167, 171
Odilon Redon: œuvre graphique complet, 156
Oeil, L' (Magritte), 50
Oliveira, Franklin de, 97
"Oração a Teresinha do Menino Jesus" (Bandeira), 96
Oréstia (Sartre), 99
Outros estudos (Brito Broca), 167
Ovídio, 48, 105
Ozenfant, Amédée, 191

Palazzeschi, Aldo, 210
Pancetti, José, 205
Panorama do movimento simbolista brasileiro (Muricy), 151
Pão e vinho (Silone), 35
Paolo il caldo (Brancati), 212
Parnaso obsequioso, O (Costa), 61
Parreiras, Antônio, 123, 206
Pauliceia desvairada (Mário de Andrade), 14, 86, 192
Paulo e Virgínia (Saint-Pierre), 105
Peçanha, José Américo Mota, 56*n*
Pedro I, d., 123
Pedro II, d., 53, 123, 230
Pedro Malazarte (ópera de Camargo Guarnieri e Mário de Andrade), 136-43
Peixoto, Alvarenga, 61
Pelissier, Anthony, 26
Pen Club do Brasil, prêmio, 264
Pennafort, Onestaldo de, 151
Penteado, Olívia Guedes, 123
Pequena história da música (Mário de Andrade), 137, 140
Pereira, Mateus de Abreu, d., 228
Perelandra (Lewis), 51
Perse, Saint-John, 18, 90, 220
Perto do coração selvagem (Lispector), 55-7, 59
Petit, Augusto, 229
Petit, Jean, 190
Piaceri, I (Brancati), 212, 214
Picchio, Luciana Stegagno, 201-2, 253
Pignatari, Décio, 149-54, 157, 259
Pinheiro, Adão, 144-8, 259
Pioggia in Galle (Favretto), 123
Pirandello, Luigi, 214
Platão, 50, 79
Plattner, Karl, 119
Plínio, o Velho, 48

Poe, Edgar Allan, 49, 69
Poemas (Borges), 47
Poliedro (Mendes), 250
Pombal, marquês de, 229
Pompeia, Raul, 166
Ponge, Francis, 73
Ponteio 48 (Camargo Guarnieri), 143
Pontos de referência (Brito Broca), 167
Pontual, Arthur Lycio, 197
Ponty, Madame de, 218, 220-1, 259
Portinari, Candido, 84, 97, 123
Post, Frans, 109, 122
Pound, Ezra, 127, *129*, 259
Prado, Paulo, 191
"Presença de Santa Teresinha" (Couto), 97
Prestes, Júlio, 192
"Principe de l'utilité, Le" (Cendrars), 187
Proença, Cavalcanti, 134
Progenitores, Os (Savinio), 173
Proust, Marcel, 218
Púchkin, Alexander, 26
Putain respectueuse, La (Sartre), 99

Quando havia província (Brito Broca), 167
Quarta Sinfonia (Schumann), 216
Quatro poemas de Macunaíma (Camargo Guarnieri), 143
Queiroz, Carlos, 240
Quevedo, Francisco de, 49
Quinze poemas (Frota), 201

Raízes do Brasil (Buarque de Holanda), 96
Rake's progress, The (Stravinski), 127
Ramos, Graciliano, 33-6, 259
Raymundo Ottoni de Castro Maya, 121

Rebolo Gonsales, Francisco, 83, 117
Redon, Odilon, 151, 154-6, 259
Región perdida, Una (Kordon), 62
Reina del Plata (Kordon), 62
Remate de males (Mário de Andrade), 81
Remate de males (revista), 17, 264
Remendão re(e)mendado (Carlyle), 224
Resnais, Alain, 71-2, 259
Ressurreição de Lázaro (Malfatti), 233
Retablillo de Don Cristobál, El (García Lorca), 41
Retratos da Família Imperial do Brasil em Viena (fólio), 230
Revista do Livro, 166, 169, 250, 263
Revista do Museu Paulista, 112, 224
Richter, Jean Paul, 224
Robbe-Grillet, Alain, 71-3, 259
Robusti, Jacopo *ver* Tintoretto
Rocking horse winner (filme), 26
Rodrigues, Joffre, 80
Rodrigues, José Wasth, 117
Rodrigues, Nelson, 16-7, 77-80, 259
Românticos, pré-românticos, ultrarromânticos (Brito Broca), 171
Romero, Sílvio, 12
Rosa, João Guimarães, 58
Rosenberg, Liev, 127
Rudge, família, 116
Rui, Afonso, 60
"Ruinas circulares, Las" (Borges), 70

Sá, Simplício de, 228, 230
Sabino, Fernando, 75, 259
Sacra Conversação (Solimena), 227
Sagarana (Guimarães Rosa), 58
"Sailor, what of the isles?" (Sitwell), 202
Salomé (del Picchia), 185-7
Sandburg, Carl, 116
"Santa Teresinha do Menino Jesus" (Jorge de Lima), 96

"Santa Teresinha" (Guimarães Filho), 97
Santo Onofre (Bonadei), 234
Santos, Joaquim Felício dos, 51, 262
Santos, Sílvio Felício dos, 262
São Bernardo (Ramos), 34-5
São Lourenço, conde de, 105
Saraceni, Paulo César, 113-4
Sardan, Zuca, 19
Sartre, Jean-Paul, 98-9, 259
Satyricon (filme), 114
Savinio, Alberto (Andrea De Chirico), 172-4, 210, 259, 261
Schumann, Robert, 216
Sebastião, são, 66, 227
Segall, Lasar, 84, 114, 123
Seixas Sobrinho, José, 60
Sendim, Maurício, 123
Sequestrados de Altona, Os (Sartre), 99
"Serra do Rola-Moça, A" (Mário de Andrade), 143
Setúbal, Olavo, 264
Severo, Ricardo, 194
Shaw, George Bernard, 69
Silone, Ignazio, 35
Silva, José Antônio da, 234
Sinhá Moça (filme), 117
Sírio (navio), 231
Sister Carrie (Dreiser), 27
Sitwell, Edith, 202
Soares, Álvaro Teixeira, 192
Sodalício com Assis Chateaubriand (Bardi), 188
Soirées de Paris, Les (revista), 173
Soldati, Mario, 26
Solimena, Francesco, 227
Sono da deusa, O (Savinio), 173
"Sorvete, O" (Drummond de Andrade), 75
Sousa, Ertos Albino de, 153-4

Sousa, J. Galante de, 263
Souza, Gilda de Mello e, 14-5, 18, 112, 221, 223-4, 259-60
Sovversivi, I (filme), 240
Steiner, Rudolf, 48
Sterne, Laurence, 63, 224
Stevens, George, 25, 27-8, 32, 259
Stevenson, Robert Louis, 69, 88
Stewart, James, 228
Stickel, Érico, 123
Stickel, Marta, 123
Stravinski, Igor, 18, 125-6, 259
Street songs (Sitwell), 202
Subirats, Eduardo, 191
"Sur la robe elle a un corps" (Cendrars), 219
"Sur, El" (Borges), 70
Sussekind, Carlos, 195*n*

Taine, Hippolyte, 222
Taunay, Affonso d'Escragnolle, 51, 231
Taviani, irmãos, 240
Teatro de província (Neves), 60
Teatro em Sabará: Da Colônia à República, O (Seixas Sobrinho), 60
Teixeira, Múcio, 53
Tekt (Charters de Almeida), 181
Tempo espanhol (Mendes), 253
Tempo reencontrado (Alexandre Eulalio), 195, 264
Tenniel, John, 68
Tentação de Santo Antão, A (Flaubert), 48
Terêncio, 260
Teresa Cristina, imperatriz, 123
Teresa de Ávila, santa, 94
"Teresinha de Jesus" (ronda infantil), 97
Teresinha do Menino Jesus, santa, 94-7, 259

Terk (Delaunay), Sonia, 219
Ticoulat, Carolina, 123
Ticoulat, Renato, 123
Tiepolo, Giovanni Battista, 211
Time (revista), 69
Timóteo, Artur, 114
Tintoretto, 200
"Tlön, Uqbar, Orbis Tertius" (Borges), 71
Toda nudez será castigada (Rodrigues), 16, 77-80
Tolstói, Liev, 34
Tombeau de Mallarmé, Le (Albino de Sousa), 154
Tonini, Nicoletta, 128
Torrini, Elpinice, 230
Tragédia americana, Uma (Dreiser), 27
Três irmãs, As (Tchékhov), 113
"Trio for two cats and a trombone" (Sitwell), 202
Trop, c'est trop (Cendrars), 187
Tuneu (Antonio Carlos Rodrigues), 123
Tupi e o alaúde, O (Mello e Souza), 112, 224
Tura, Cosme, 234

"Último bom selvagem: 'Luís da Serra', de Lúcio de Mendonça, O" (Alexandre Eulalio), 195*n*

Vagabundo en Tombuctu (Kordon), 62
Valadares, Conde de, 61
Vanini, Lucilio, 50
Varèse, Edgar, 197
Vasconcelos, Luís de, d., 103
Vasconcelos, Simão de, padre, 231
Vedras, Jorge Pinto, 227, 259
Velórios (Rodrigo M. F. de Andrade), 75

Veloso, Frei, 105
Verissimo, Erico, 27
Verlaine, Paul, 149
Vers une Architecture (Le Corbusier), 193
Versiani, Ivana, 56*n*
Via Sacra (Silva), 234
Viagem maravilhosa, A (Graça Aranha), 193
Vida de fantasmas (Savinio), 174
Vida de Jesus (Mauriac), 36
Vida do homem (Savinio), 174
Vida literária no Brasil: 1900, A (Brito Broca), 166
Vida literária no Brasil: Época modernista, A (Brito Broca), 167
Vida por inteiro, A (Savinio), 174
Vidas secas (Ramos), 33, 35
Vieira, Antônio, padre, 153
Villiers de L'Isle Adam, Auguste, 52
Virgem Maria, 66, 227
Virgílio, 48
Visconti, Luchino, 114
Visionário, O (Mendes), 13, 239
Visita da velha senhora, A (Dürrenmatt), 67
Vista do Porto de Santos (Calixto), 231
Vivaldi, Antonio, 61, 200
Voix du silence, Les (Malraux), 195

Vrubel, Mikhail, 127

Wagener, Zacharias, 110
Walbrook, Anton, 26
Waldman, Berta, 17, 264
Wang Ta-Hai, 48
Warchavchik, Gregori, 117, 194
Waxman, Franz, 30
Wells, H. G., 67, 69
Whistler, James Abbott McNeill, 154
Williams, William, 116
Winterhalter, Franz, 123
Woolf, Virginia, 49
Worth, Charles Frederick (modista), 222, 259
Wright, Frank Lloyd, 92
Wyeth, Andrew, 205

Xavier, Nelson, 79-80
Xenakis, Iannis, 197

Yáconis, Cleyde, 79-80, 259

Ziem, Félix, 124
Ziembinski, Zbigniew, 17, 79-80, 113, 259
Zola, Émile, 34, 220
Zurbarán, Francisco de, 243

ESTA OBRA FOI COMPOSTA POR ACOMTE EM MINION E IMPRESSA PELA RR DONNELLEY
EM OFSETE SOBRE PAPEL PÓLEN SOFT DA SUZANO PAPEL E CELULOSE
PARA A EDITORA SCHWARCZ EM FEVEREIRO DE 2017

A marca FSC® é a garantia de que a madeira utilizada na fabricação do papel deste livro provém de florestas que foram gerenciadas de maneira ambientalmente correta, socialmente justa e economicamente viável, além de outras fontes de origem controlada.